via reise verlag

Sabine Schrader

AB INS GRÜNE

RUND UM HAMBURG

Oasen in der Großstadt

Grüne Orte ganz nah

Ab ins Umland

Die Boberger Niederung begeistert nicht nur mit Sanddünen, sondern im Spätsommer auch mit blühendem Heidekraut

Wohin am Wochenende?

Ins Grüne – da ist man sich schnell einig. Aber was und wohin denn nun genau? Wandern oder Radfahren? Oder nur raus und spazieren gehen? Natur pur oder darf auch etwas Kultur dabei sein? Und natürlich: Wie kommt man wo hin?

So viele Fragen. Hier finden Sie die Antworten dazu. Zunächst einmal: In Hamburg und im Umland bietet der Hamburger Verkehrsverbund (hvv) ein dichtes Netz von Bussen, Bahnen und sogar Fähren, sodass sich Ausflüge problemlos mit den öffentlichen Verkehrsmitteln unternehmen lassen. Das Gebiet reicht bis Buxtehude, Stade, Lüneburg und bis in den Kreis Steinburg. Fahren Sie also, so weit die Fahrkarte reicht.

In diesem Tourenplaner haben wir für Sie Tipps für 44 Ausflüge in und um Hamburg zusammengestellt. Ob innerstädtische Oasen, grüne Orte ganz nah oder das weitere Umland: Hier ist für alle was dabei. Urwüchsige Natur und gepflegte Parks, malerische Städte und Dörfer, Schlösser und Museen inmitten ländlicher Idylle – wählen Sie einfach Ihr Lieblingsziel. Neben Ausflugsklassikern wie dem Alten Land und dem Elbuferweg, die es neu zu entdecken gilt, finden sich auch echte Geheimtipps wie die Fahrt nach Kellinghusen oder der Besuch des Naturschutzgebiets Höltigbaum.

Der besondere Service: Als Ausgangspunkt ist für jede Tour eine Haltestelle des hvv angegeben. Und alle Ausflüge enden wieder an einer Station des ÖPNV. Außerdem gibt es Hinweise zu Sehenswürdigkeiten, Tipps zu Restaurants und Ausflugslokalen sowie die Taktzeiten der Busse, Bahnen und Fähren.

Aber nun wollen wir Sie gar nicht länger aufhalten. Suchen Sie sich den schönsten Ausflug raus und auf geht's – ab ins Grüne!

GPS

GPS-Tracks
Für alle Touren können Sie die GPS-Tracks auf der Homepage des via reise verlags herunterladen. Damit lässt sich die Wegstrecke auf einem Smartphone oder einem anderen GPS-Gerät darstellen. Den Link und eine Kurzanleitung zur Verwendung der Dateien finden Sie bei den Informationen zum Buch: www.viareise.de.

Die Autorin
Sabine Schrader hat diesen Ausflugsführer komplett neu überarbeitet. Einen Sommer lang ist die Journalistin kreuz und quer durch die Region rund um Hamburg gewandert und geradelt. Am Ende hatte sie viele spannende Tipps und neue Ausflugstouren im Gepäck.

Oasen in der Großstadt

Um in Ruhe Natur zu genießen, muss man in Hamburg nicht gleich das Stadtgebiet verlassen. Ob Elbuferweg, Wilhelmsburger Inselpark oder Loki-Schmidt-Garten: Die Hansestadt verzaubert mit ihren vielen lauschigen Orten alle, die sich nach Erholung im Grünen sehnen.

Im Baakenpark in der HafenCity geht es sportlich zu

Im grünen Grunde

1

Alstertal

Ein Name wird Programm: Gleich am Bahnhof des Ausgangspunkts dieser Tour weisen die Schilder den Weg. „Im Grünen Grunde“ steht über dem Ausgang, den man nimmt. Und daran soll sich die nächsten fünfzehn Kilometer nichts ändern. Willkommen in der Naturidylle des Alstertals!

Die Straße Im Grünen Grunde ist noch vergleichsweise wenig grün. Jedenfalls im Vergleich zum **Alsterwanderweg**, dem man bald folgt und der am Ufer des sich malerisch durch die Landschaft schlängelnden Flusses verläuft.

Oft ist das Tal des oberen Alsterlaufes so urwüchsig, dass man kaum glaubt, sich im Stadtgebiet einer Metropole zu bewegen. Wer allerdings vom Weg abkommt, wird schnell feststellen, wie nah großstädtische Hektik und elegante vorstädtische Villengegenden an den Flusslauf heranreichen. Am markierten Verlauf des offiziellen Alsterwanderwegs kann man sich aber gut orientieren, denn die gelben Pfeile auf den Baumstämmen sind leicht zu erkennen.

Der Weg geht flussaufwärts, dorthin, wo die Alster noch ein verwegen mäanderndes Flüsschen ist und schließlich zu einem Bach wird. Vorher jedoch geht es an mehreren Schleusen vorbei. Die erste, gleich zweistufig, passiert man schon zu Beginn der Tour in Ohlsdorf. Meist verläuft die Wegstrecke auf der rechten Seite des Flusses, doch bieten die zahllosen Brücken immer wieder die Möglichkeit, das Ufer zu wechseln. Man kommt am **Teetzpark** vorbei, dem heutigen Rest eines ehemals privaten Parks in einer malerischen Biegung der Alster. Ein Rundweg erschließt den Park und führt um die beiden zentralen, mit der Alster verbundenen Teiche herum.

Restaurant The Locks
Gehobene Gastronomie im alten Schleusenmeisterhaus mit Reetdach und Sonnenterrasse

Marienhof 6 (in der Poppenbüttler Schleuse)
22399 Hamburg
www.the-locks.de

Das Torhaus führt zum stattlichen Herrenhaus Wellingsbüttel gleich neben dem idyllischen Alstertal

Nach etwa 5 Kilometern ist **Wellingsbüttel** erreicht, wo man das Naturerleben kurz unterbrechen sollte, um einen Abstecher zum alten Torhaus vor dem **Herrenhaus Wellingsbüttel** zu machen. Das repräsentative Herrenhaus stammt in seinen Ursprüngen aus dem Jahre 1750, erhielt sein heutiges Gesicht aber 1889 durch Martin Haller, den als Rathausarchitekten berühmt gewordenen Baumeister. Heute beherbergt es eine Seniorenresidenz. Das **Torhaus** wurde 1757 erbaut. In ihm ist heute das **Alstertalmuseum** untergebracht.

Weiter geht es in Richtung **Poppenbüttler Schleuse.** Hier wird die Alster noch einmal zu einem kleinen See gestaut. Bald darauf liegt auf der linken Seite des Flusses das Gut Hohenbuchen. Hinter der **Mellingburger Schleuse** wird der Fluss zum Bach. Der Alsterwanderweg verlässt den Flusslauf und führt ein Stück über besiedeltes Gelände, nämlich über die Straße Kortenland. Im **Rodenbeker Quellental,** einem Naturschutzgebiet, erlebt man noch einmal fast urwaldartige Natur. Der Weg führt hindurch zwischen Teichen und Tümpeln, Bächen und toten Flussarmen und dann ganz unvermittelt auf eine Straße mit dem schönen Namen Haselknick, die auf die Bredenbekstraße führt. Überquert man diese, steht man schon kurz darauf vor dem Bahnhof Ohlstedt.

Wanderung: 15 km

Start: S- und U-Bhf. Ohlsdorf S1, S11, U1 alle 5–10 Minuten

Ziel: U-Bhf. Ohlstedt U1 alle 10–20 Minuten

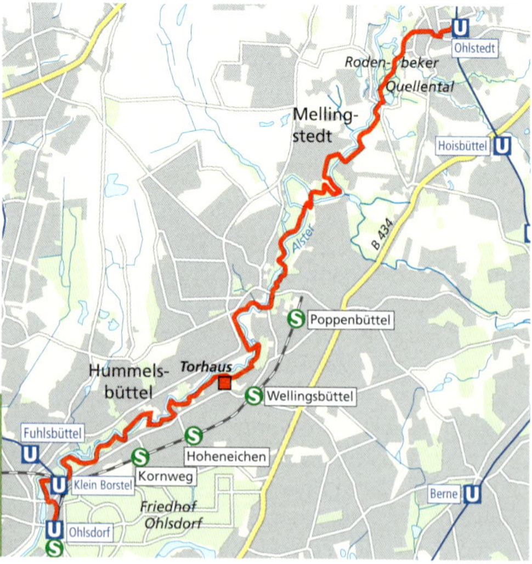

ANNO 1757

Grün über Gräbern

2

Friedhof Ohlsdorf

Hamburgs größte Grünanlage ist ein Friedhof: Mit einer Fläche von fast 400 Hektar ist der Ohlsdorfer Friedhof sogar der größte Parkfriedhof der Welt. Die Anlage mit ihren 450 Laub- und Nadelgehölzarten bietet den Toten die letzte Ruhe in schöner Umgebung und den Lebenden einen lehrreichen Ausflug.

Der Rundgang beginnt am Haupteingang, der schon vom S-/U-Bahnhof Ohlsdorf aus zu sehen ist. Hier starten auch die beiden Buslinien der Hochbahn, die das weiträumige Areal erschließen. Auch mit dem Fahrrad lässt sich das 17 Kilometer lange Straßennetz des Friedhofs bequem befahren und die gärtnerische Schönheit entdecken. Wer den Friedhof zu Fuß erkunden möchte, der besorgt sich am besten im Verwaltungsgebäude, das 1911 errichtet wurde, einen Übersichtsplan. Darin findet man Vorschläge zu Spaziergängen sowie eine Auflistung von Prominentengräbern. Wer Lust hat, kann sich auch einer der zahlreichen Führungen anschließen, die es zu unterschiedlichsten Themen gibt. Sogar Märchen von Leben und Tod kann man zwischen den Grabstellen lauschen.

Gegenüber dem Haupteingang erhebt sich die Terrassenanlage des **Althamburger Gedächtnisfriedhofs**. Hier ruhen die sterblichen Überreste von einstigen Persönlichkeiten der Stadt. Die Terrassen wurden schon um die vorletzte Jahrhundertwende als gärtnerische Schmuckanlage im neobarocken Stil gestaltet. Davon sind heute nur noch die Sandsteintreppen und die Christusfigur aus strahlend weißem Marmor erhalten.

Hält man sich beim Rundgang in südlicher Richtung, gelangt man schon bald zum **Rosengarten**, einer gärtnerischen Zieranlage, die für einen Friedhof wohl einmalig ist. Der Garten wurde vor über 100 Jahren angelegt. Nach jahrzehntelanger Vernachlässigung zeigt er sich heute wieder annähernd so schön wie früher.

Der westliche Bereich des Friedhofs, durch den der Spaziergang jetzt führt, ist der historische Teil des Ohlsdorfer Friedhofs. Im Jahre 1877 eröffnet und von Wilhelm Cordes gestaltet, diente die damalige Anlage als maßgebliches Beispiel für zahlreiche andere Parkfriedhöfe. Charakteristisch für diesen nunmehr auch Cordes-Teil genannten Bereich sind der sehr artenreiche, häufig waldartige Baumbestand

Friedhof Ohlsdorf
Tgl. geöffnet, Nebeneingänge für Fußgängerinnen und Fahrradfahrer 7–21 Uhr

Fuhlsbüttler Straße 756
22337 Hamburg
www.friedhof-hamburg.de

Infos zu Führungen
www.friedhof-hamburg.de/besucher/service/fuehrungen

Eine Eibenreihe ziert den Weg im Parkfriedhof Ohlsdorf

und die großzügigen Grabflächen, die geschickt mit dichten Gehölzpflanzungen – heute meist Rhododendren – umgeben wurden.

Der östliche Friedhofsteil wurde ab 1920 nach den streng landschaftsarchitektonischen Plänen von Otto Linne angelegt. Hier befinden sich mehrere Ehrenfriedhöfe und Mahnmale. Etwa 52 000 Kriegsopfer aus 30 Nationen wurden mit ewigem Ruherecht in Ehrenanlagen bestattet. Besonders beeindruckend ist das **Mahnmal für die Bombenopfer** von Gerhard Marcks aus dem Jahre 1952. Es steht im Zentrum von vier Massengräbern, in denen im Sommer 1943 fast 39 000 Tote beigesetzt wurden.

Geschichtlich interessant sind die beiden **Grabmal-Freilichtmuseen** (am Heckengarten und an der Kapellenstraße). Die hier aufgestellten historischen Grabmäler stammen von den aufgelassenen Steintor- und Dammtorfriedhöfen bzw. von den Grabstätten der „Ämter“, wie in Hamburg die Zunftvereinigungen der Handwerker hießen.

Auf dem Rückweg Richtung Cordesallee passiert man in der Nähe des 1898 erbauten **Wasserturms** den von Rhododendren umsäumten **Garten der Frauen.** Eine Gedenkstätte, auf der alte Grabsteine bedeutender Frauen aufgestellt werden. Es ist aber auch ein Ort, an dem Frauen sich bestatten lassen können.

Rundwanderung: 8 km

Start und Ziel: S- und U-Bhf. Ohlsdorf

S1, S11, U1 alle 5–10 Minuten

Exotische Gärten und die Wandse

3

Wandsegrünzug

Die Wandse entspringt im Kreis Stormarn. Bevor sie in die Alster mündet, schlängelt sich das Flüsschen durch die Stadtteile Wandsbek und Rahlstedt. Mehrere Parks laden mit ihrer Pflanzenpracht zu einem Picknick ein und auch der Botanische Sondergarten, der direkt an der Wegstrecke liegt, ist einen Besuch wert.

Mit einer Länge von rund 20 Kilometern ist die Wandse der längste Nebenfluss der Alster. Mitte des 18. Jahrhunderts erlebte der Ort Wandsbek einen wahren Boom, denn viele Gewerbe- und Industriebetriebe hatten sich angesiedelt und machten aus dem eher ländlich geprägten Vorort einen Fabrikstandort. Bereits im Mittelalter hatten sich die Menschen das relativ starke Gefälle der Wandse zunutze gemacht, um mit der Kraft des Wassers Mühlen anzutreiben. Damit das gelang, wurde das Flüsschen an einigen Stellen aufgestaut. Bis heute ist dies an den zahlreichen Teichen entlang der Wandse zu erkennen, auf denen in den Sommermonaten die Seerosen blühen.

Auch die ursprüngliche Namensgebung erinnerte an die ehemalige Nutzung des Flüsschens. Denn bis zum Anfang des 19. Jahrhunderts trug die Wandse den Namen „Mühlenbek" und „Mühlenstrom". Allein sechs Mühlen befanden sich auf dem Wandsbeker Gebiet. Die Geschichte dieser Mühlenbetriebe lässt sich bis weit in das 14. Jahrhundert hinein zurückverfolgen. Die einstige Loher Mühle beispielsweise wurde um 1309 erstmalig urkundlich erwähnt. In den 1950er-Jahren wurde die Mühle in eine Lackfabrik integriert. Ein anderes Mühlengebäude befindet sich noch heute am Ölmühlenweg.

Unter den Gewerbebetrieben, die einst für den wirtschaftlichen Aufschwung in Wandsbek sorgten, waren vor allem Kattundruckereien. Das Bedrucken von Kattun, also Baumwollgewebe, war im 19. Jahrhundert ein weit verbreitetes Verfahren, um farbenprächtige Bekleidung für Frauen der unteren und mittleren Gesellschaftsschichten herzustellen. Da es jedoch auf dem Hamburger Stadtgebiet kaum noch freie Flächen gab, um die Stoffe in der Sonne zu bleichen, nutzte man die Freiflächen an der Wandse, besonders nördlich des Mühlenteichs.

Um die Wanderung zu starten, überquert man am S-Bahnhof Friedrichsberg die Kreuzung und taucht von der Stormarner Straße aus am Mühlenteich in den Grünzug ein. Die Wandse meist zur Rechten ist nach gut 2 Kilometern der **Eichtalpark** erreicht. Er zählt mit seinen fast sechs Hektar Fläche zu den größeren Parks entlang des Wandsegrünzugs. Die Ursprünge des Parks reichen bis 1830 zurück. Damals ließ der Wandsbeker Großindustrielle Lucas

Sommerbad Ostende
Schön gelegener See mit Sandstrand, Liegewiesen und Badeaufsicht

Tonndorfer Strand 37
22045 Hamburg
www.freibad-ostende.com

Auf der naturbelassenen Wandse fühlen sich auch Graureiher wohl

Weite Ausblicke auf das Wasser im Mühlenteichpark

Lütkens an seinem Sommersitz Eichen pflanzen, aus deren Rinde er Gerbstoffe für seine Lederfabrik gewann. Sein Enkel verwandelte die Plantage später in einen Park. Die Stadt Wandsbek kaufte das Gelände 1926 und machte es als Stadtpark für alle frei zugänglich. Auch für eine „Bedürfnisanstalt" wurde gesorgt. In dieses Gebäude wurden zwei aus dem 18. Jahrhundert stammende Sphinxen von dem ehemaligen Lütkenschen Parkgrundstück einbezogen. Heute steht das Gebäude unter Denkmalschutz.

Wo das Flüsschen Rahlau in die Wandse fließt, befindet sich der **Botanische Sondergarten**. Er ist 1926 als Schulgarten entstanden. Sondergarten heißt das 1,5 Hektar große Areal, weil es im Gegensatz zu anderen Botanischen Gärten über keine wissenschaftliche Begleitung verfügt. Dem Gedanken eines Schulgartens folgend, finden zahlreiche Veranstaltungen und Führungen statt, um Gartenwissen zu vermitteln. Auf dem Freigelände, im Gewächshaus und in den Beeten können heimische und exotische Pflanzen in Augenschein genommen werden – angefangen bei Farnen und Sommerblumen bis hin zu Zuckerrohr und Ananas. Neu ist der Planetengarten: Angelehnt an ein Modell von Paracelsus, das davon ausgeht, dass Sonne, Mond und die Planeten Merkur, Venus, Mars, Jupiter und Saturn sich im menschlichen Körper abbilden, werden Pflanzen und ihr Bezug zu dem jeweiligen Himmelskörper präsentiert.

Nach etwa 4 Kilometern auf dem Grünzug kündigt ein Hinweisschild die 2010 errichtete **KZ-Gedenkstätte Wandsbek** an, die nach einem kurzen Abstecher erreicht ist. Sie erinnert an das Schicksal

Restaurant Zum Eichtalpark
Gutbürgerliche Küche mit Caféterrasse direkt an der Wandse

Ahrensburger Straße 14a
22041 Hamburg
www.zum-eichtalpark.de

weiblicher Gefangener des Konzentrationslagers Neuengamme, die von Sommer 1944 bis Kriegsende in einer damals hier ansässigen Fabrik Zwangsarbeit leisten mussten.

Der Grünzug erreicht nun den Stadtteil Tonndorf. Das Freibad Ostende lädt mit einem rund hundert Meter langen Sandstrand zum Schwimmen und Sonnenbaden ein. Entstanden ist der Ostender Teich aus einer ehemaligen Tongrube, sein nordöstlicher Bereich wird zum Baden genutzt. Am Pulverhofteich überquert man eine Brücke und wechselt aufs linke Ufer. Das Gelände soll in eine naturnahe Auenlandschaft umgewandelt werden, durchflossen von der Wandse. Über den Altrahlstedter Kamp gelangt man in den Wandseredder und rechts über den Rahlstedter Uferweg zurück ans Wasser. Vorbei an der Alt-Rahlstedter Kirche erreicht man den **Liliencronpark**. Ein Denkmal erinnert an den seinerzeit bekannten Dichter und Bühnenautor Detlev von Liliencron. Über die Wilhelm-Grimm-Straße hinweg geht es noch ein Stück an der Wandse entlang, bevor man auf die Mecklenburger Straße stößt und dann links über den Boitzenburger Weg den **Bahnhof Rahlstedt** erreicht. Wer noch Bewegungsdrang verspürt, wandert weiter zum Höltigbaum (► Seite 74).

Botanischer Sondergarten
Walddörferstraße 273
22047 Hamburg
www.botanischer-sondergarten.hamburg.de

Radtour oder Wanderung: 10 km
Start: S-Bhf. Friedrichsberg
S1, S11 alle 10 Minuten
Ziel: Bhf. Rahlstedt
RB 81 alle 30 Minuten

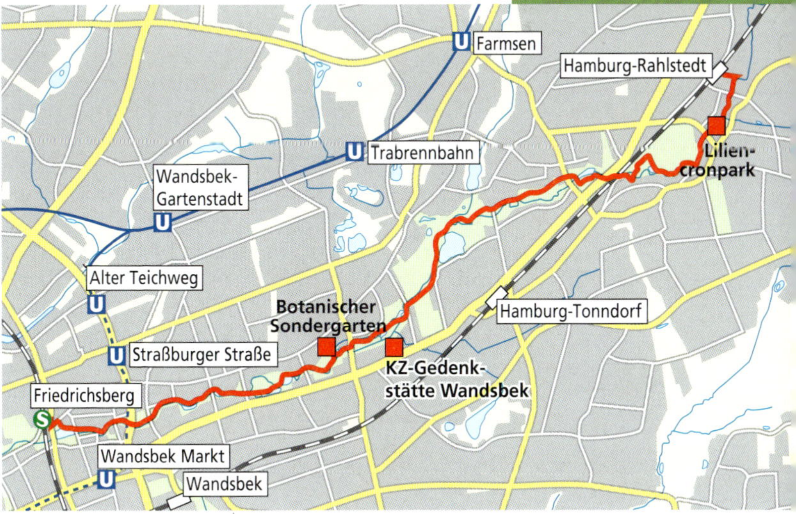

Zwischen Dünen

4

Boberger Niederung

Vom S-Bahnhof Mittlerer Landweg gelangt man in wenigen Minuten in die Boberger Niederung. Das unter Naturschutz stehende Areal ist eine der reizvollsten Erholungslandschaften im Hamburger Raum. Hier ist genug Platz für Aktivitäten wie Reiten, Angeln oder Segelfliegen. Und wer etwas über die Flora und Fauna lernen möchte, kann sich auf einen der vier Lehrpfade begeben.

Die Boberger Niederung ist keine künstlich angelegte Erholungslandschaft, sondern war ursprünglich ein von mehreren großen Binnendünen geprägtes Gebiet. Es ist dem Geesthang vorgelagert, der von Blankenese bis Bergedorf das alte Urstromtal der Elbe begleitet.

Zu Beginn des 20. Jahrhunderts wurde der Großteil der Dünen als Baumaterial für die Hamburg-Bergedorfer Eisenbahn und zur Aufschüttung von Billbrook und Hamm abgebaut. Das im Nordwesten gelegene Achtermoor ist ein Relikt eines viel größeren Moorgebiets. Es ist ein Feuchtgebiet mit charakteristischer Pflanzen- und Tierwelt, das zahlreichen Vogelarten als Brutplatz dient. Hier finden sich noch viele Tier- und Pflanzenarten, die bereits auf der Roten Liste stehen.

Neben den Schönheiten der Natur bietet die Boberger Niederung zahlreiche Möglichkeiten für aktive Freizeitgestaltung: Reiter, Anglerinnen und Segelflieger finden ein Eldorado. Der **Boberger See** lädt im Sommer zum Schwimmen ein. Um den See gibt es einen Rundweg und mehrere Radwege erschließen das Naturschutzgebiet. Im Winter gilt die Boberger Niederung bei den Hamburger Wintersportlern längst nicht mehr als Geheimtipp. Auf zahlreichen Loipen ziehen sie dann über die Dünen, während sich der Nachwuchs an den Rodelbergen austobt.

Aktiven Naturgenießerinnen und -genießern sei ein Besuch des **Boberger Dünenhauses** an der Boberger Furt empfohlen. Durch das Areal wurden vier Lehrpfade als Rundweg angelegt und mit verschiedenen Symbolen markiert. Damit man sich nicht verläuft und unterwegs richtig schlau wird in Sachen Flora und Fauna, gibt es zu jedem Dünen-, Wiesen-, Terrassen- und Moorweg gegen eine kleine Spende ein bebildertes Infoblatt. Also auf jeden Fall vor der Wanderung hier vorbeischauen!

Wenn man schon einmal einen Ausflug in die Boberger Niederung unternimmt, dann sollte man gleich einen Besuch des **Deutschen Maler- und**

Boberger Dünenhaus
Naturschutz-Infohaus der Loki-Schmidt-Stiftung

Boberger Furt 50
21033 Hamburg
www.loki-schmidt-stiftung.de/boberg

Ein kleiner Spaziergang durch die Boberger Dünen lässt einen die Großstadt schnell vergessen

Lackierermuseums einplanen. Es liegt am Billwerder Billdeich, also an der Bille, die die Boberger Niederung im Süden und Westen begrenzt; allerdings schon auf der anderen Seite der Autobahn A1, die das Gebiet im Nordwesten streift (der Bus 330 hält vor der Tür). Untergebracht ist das Museum im 400 Jahre alten Billwerder Glockenhaus, einem ehemaligen Bauernhaus, so benannt nach dem Dachreiteraufbau mit einer Glocke. In dem aufwendig restaurierten Fachwerkhaus aus dem 18. Jahrhundert dokumentiert die Sammlung die Geschichte der Zünfte, Malerämter und Innungen sowie des kreativen Maler- und Lackiererhandwerks.

Neben dem Museum befindet sich ein kleiner Ziergarten, der in den 1980er-Jahren im barocken Stil angelegt wurde. Nein, Sie haben uns nicht bei einer Nachlässigkeit erwischt: Der Garten wurde tatsächlich in den 80er-Jahren des 20. Jahrhunderts angelegt! Und ist somit wohl der jüngste Barockgarten überhaupt. Was die Schöpfer zu ihrem Werk bewogen hat, war nicht zu ermitteln. Vielleicht wollten sie einen kleinen Kontrapunkt setzen zu der nahe gelegenen, ganz und gar natürlich entstandenen Natur und haben so ein wenig künstliche Natur kreiert.

Rundwanderung oder -radtour: 11 km

Start und Ziel: S-Bhf. Mittlerer Landweg

S2, S21 alle 10–20 Minuten

Wasserkunst, Watt und Wasserpark

5

Elbinsel Kaltehofe

Auf der Elbinsel Kaltehofe in Rothenburgsort ist aus einem ehemaligen Wasserwerk ein spannendes Industriedenkmal entstanden. Gleich nebenan am Holzhafen entwickelte sich ein seltenes Süßwasserwatt mit Ebbe und Flut. Und vom Element Wasser gibt es auch im Wasserpark Dove-Elbe reichlich.

Die Tour startet am S-Bahnhof Rothenburgsort. Von dort radelt oder wandert man auf dem Billhorner Deich circa zwei Kilometer bis zur Billwerder Bucht. Über die Brücke des Sperrwerks gelangt man zur **Elbinsel Kaltehofe**. Die Insel entstand von 1875 bis 1879 durch die Begradigung der Norderelbe.

Nachdem die Pläne für eine moderne Wasser-Filtrationsanlage von der Stadt zunächst aus Kostengründen verworfen worden waren, beagann man auf der Insel in den 1890er-Jahren schließlich mit dem Bau der Filtrierungsanlage. Doch noch während der Bauarbeiten, im Sommer 1892, brach in Hamburg die Cholera aus, an der fast die Hälfte der Bevölkerung starb. 1893 konnte die erste **Filtrationsanlage** der Hamburger Wasserwerke in Betrieb genommen werden, die die Hansestadt fast hundert Jahre lang mit sauberem Trinkwasser versorgte.

In der ein Jahr später errichteten Villa, in der heute ein Museum über die Geschichte der Wasserkunst und ein Café untergebracht sind, befand sich einst die Außenstelle des Hygienischen Staatsinstituts. Das Gebäude ist mit einem Neubau verbunden, der die 200-jährige Geschichte der Hamburger Brunnen und Wasserspiele dokumentiert. Bis 1989 blieb die **Wasserkunst Elbinsel Kaltehofe** in Betrieb, seit 2011 ist sie ein Industriedenkmal.

Wasserkunst Elbinsel Kaltehofe
Erlebnisreiches Industriedenkmal rund um die Trinkwasseraufbereitung im 19. Jahrhundert

Kaltehofe-Hauptdeich 6–7
20539 Hamburg
www.wasserkunst-hamburg.de

Die Villa Kaltehofe wurde 1894 als Außenstelle des Hygieneinstituts der Hansestadt errichtet

Einen schönen Überblick über das gesamte Außengelände mit dem ökologischen Naturlehrpfad, den ehemaligen Filterbecken und Brunnenhäusern hat man vom Kaltehofe-Hauptdeich. Auf ihm geht es zu Fuß an der Norderelbe entlang weiter Richtung Holzhafen. Geradelt wird windgeschützt unterhalb des Deiches. Als ökologische Ausgleichsmaßnahme für den sechsspurigen Ausbau der Autobahn A 1 entstand seit 2008 ein **Süßwasserwatt** neben dem Holzhafen. Das damals üppig bewachsene Gelände der Billwerder Insel wurde gerodet, Deiche rückverlegt und neue Priele hergestellt. Das Gebiet am Holzhafen wird nicht durch das salzige Nordseewasser beeinflusst. Es hat eine wichtige Bedeutung für die Selbstreinigung der Elbe und ist Lebensraum für zahlreiche Kleinstlebewesen.

Über den Moorfleeter Hauptdeich und den Moorfleeter Deich führt der Weg weiter entlang der Dove-Elbe Richtung Allermöhe. Mittelpunkt des Wasserparks Dove-Elbe ist der Eichbaumsee. Beide entstanden nach der Flutkatastrophe von 1962, als diverse Deiche Hamburgs dem Hochwasser nicht mehr standhielten. Nach der Katastrophe wurde beschlossen, die Deiche rasch zu erhöhen. Dafür waren große Mengen Sand und Kies notwendig, die aus der Region zwischen Tatenberger Schleuse, Dove- und Gose-Elbe abgebaut wurden. Zurück

blieb eine Mondlandschaft. Als in den 1980er-Jahren wieder viel Sand zum Bau der nahen Autobahn A25 entnommen wurde, entstand der **Wasserpark Dove-Elbe,** ein Naherholungsgebiet im Südosten der Hansestadt, mit einer über zwei Kilometer langen Ruder-Regatta-Strecke und dem einen Kilometer langen **Eichbaumsee.**

Am nördlichen und östlichen Ufer des Sees befinden sich ausgedehnte Sandstrände und Liegewiesen. Leider neigt der See trotz umfangreicher Sanierungsmaßnahmen seit Jahren während der Sommermonate zur Blaualgenbildung. Seit 2007 ist das Baden nicht mehr erlaubt, sodass der Eichbaumsee derzeit nur zu Fuß oder per Rad umrundet werden kann. Die weitläufigen Rasenflächen eignen sich aber wunderbar zum Joggen, Picknicken, Spielen und Sonnen.

Über den Mittleren Landweg erreicht man nach einem ausgiebigen Kultur- und Naturtag nach zwei Kilometern den S-Bahnhof Mittlerer Landweg.

Zum Eichbaum
Uriges Restaurant mit rustikaler Küche und Außenterrasse

Moorfleeter Deich 477
21037 Hamburg
www.hotel-restaurant-zum-eichbaum-hamburg.de

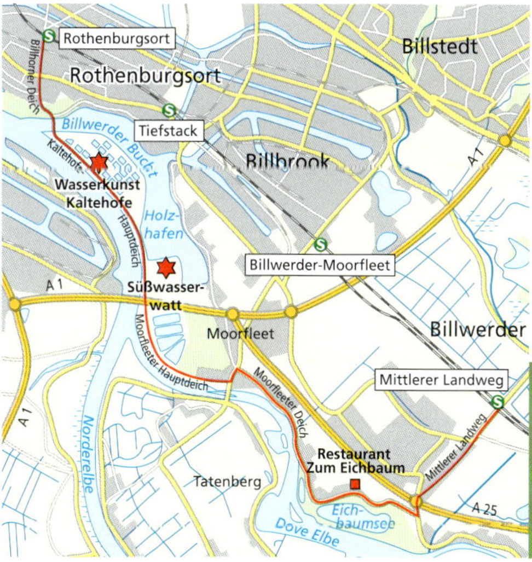

Radtour oder Wanderung:
12 km

Start: S-Bhf. Rothenburgsort
S2, S21, alle 10–20 Minuten

Ziel: S-Bhf. Mittlerer Landweg
S2, S21 alle 10–20 Minuten

Am grünen Strand der Elbe

6

Elbuferweg Altona – Klein Flottbek

Der Bahnhof Altona als Ausgangspunkt für eine Wanderung ins Grüne? Nein, hier liegt kein Irrtum vor. Wer weiß, wo's lang geht, ist schon nach wenigen Minuten von Blumen und Bäumen umgeben. Die einst privaten Gärten reicher Kaufleute an der Elbe sind heute wunderschöne Parks für alle, in denen man Lustwandeln, Lesen, Picknicken und Sonnenbaden kann.

Der **Platz der Republik** ist der Beginn einer grünen Achse vom Altonaer Bahnhof zur Elbe. Tatsächlich ist der Platz ein Park, eine gärtnerische Schmuckanlage, die sich an die Platzgestaltung des 19. Jahrhunderts anlehnt. Die typischen repräsentativen Stadtplätze dieser Zeit waren meist von Straßen umgeben und im Inneren mit Flanierwegen, Zierbeeten und Sitzbänken reich ausgestattet. Die mächtigen Blutbuchen und Platanen auf dem Platz der Republik stammen noch aus dem vorletzten Jahrhundert. In den 1970er-Jahren wurde die Anlage neu gegliedert, eine Staudenbepflanzung eingefügt und nach außen durch Büsche abgeschirmt.

Hält man sich beim Gang über den Platz der Republik rechts, gelangt man zum **Altonaer Museum** für Kunst und Kulturgeschichte. Besonders stolz ist das Museum auf seine Vierländer Kate, ein Haus aus dem 18. Jahrhundert, das Stein für Stein in den Vierlanden ab- und hier im Inneren des Museums wieder aufgebaut wurde.

Wer nach dem Museumsbesuch auf Kurs bleibt und sich weiterhin steuerbord – ach was: rechts – hält, gelangt zu einer kleinen Grünanlage am Ottenser Marktplatz. Mittelpunkt der Anlage ist die **Christianskirche,** ein einfacher, aber reizvoller Backsteinbau von 1738, benannt nach dem dänischen König Christian VI. Auf dem die Kirche umgebenden alten Friedhof, heute Teil der Grünanlage, liegt der Dichter Friedrich Gottlob Klopstock (1724–1803) begraben.

Als Abschluss der grünen Achse vom Altonaer Bahnhof zur Elbe thront der **Altonaer Balkon** hoch über dem Strom. Von hier bietet sich ein eindrucksvoller Blick über die Hafenanlagen, die kühn geschwungene Köhlbrandbrücke und das Treiben auf der Elbe.

Am Ufer der Elbe reihen sich jetzt am Weg stromabwärts zahlreiche Parks und Grünanlagen aneinander. Alle gehen auf einst private Parks der reichen Kaufleute und Reeder zurück, der sprichwörtlichen Pfeffersäcke, die sich hier ihre Prachtvillen errichten ließen. Nicht umsonst gilt die Elbchaussee, die oberhalb des Wegs parallel auf dem Hochufer verläuft, als die schönste Straße Hamburgs.

Bei dem ersten Elbufer-Park auf dem Weg, der **Rainville-Terrasse,** handelt es sich um den Über-

Museumshafen Övelgönne
Ganzjährig geöffnet, jederzeit frei zugänglich

Anleger Neumühlen
www.museumshafen-oevelgoenne.de

Im Museumshafen Övelgönne kann man viele historische Schiffe bestaunen

rest der Anlage, die einst als öffentlicher Park von Lubin Claude Rainville geschaffen wurde. Bald ist auch der **Heine-Park** erreicht, der erst vor 20 Jahren öffentlich zugänglich gemacht wurde. Es folgt der **Donnerspark**, der auf einen Lustgarten des frühen 17. Jahrhunderts zurückgeht. Der benachbarte Park heißt **Rosengarten**, weil hier zum 250-jährigen Stadtjubiläum Altonas im Rahmen einer Gartenbauausstellung ein Rosengarten angelegt wurde. Durch alle vier ineinander übergehenden Parks führt der Schopenhauerweg. Am Lüdemanns Weg, in den der Schopenhauerweg mündet, geht es steil bergab nach Övelgönne.

In Övelgönne, am Fuß des steilen Geesthanges, führt der schmale Fußweg parallel zur Elbe zwischen den malerischen Häuschen und den dazugehörenden Gärten entlang. Zuerst lebten hier Fischer. Im 17. Jahrhundert entwickelte sich das Gebiet zu einem frühen Industriestandort mit Trankochereien und Leimsiedereien, also zu einem Industriegebiet der unangenehmen Art. Schließlich siedelten sich Lotsen an, deren Dienste auf der Elbe wegen der immer größer werdenden Schiffe unentbehrlich wurden. Die Lotsenhäuser, ein- und zweigeschossige Fachwerk- und Backsteinhäuser, prägen noch heute das Gesicht Övelgönnes.

Ein Anziehungspunkt für alle Schifffahrtsbegeisterten weit über Hamburg hinaus ist der **Museumshafen Övelgönne**, der 1977 von einem privaten Verein am Anleger Neumühlen eingerichtet wurde. Viele historische Schiffe haben hier – endgültig – Anker geworfen, so das legendäre Feuerschiff Elbe

Strandperle
Kultkneipe mit traumhafter Lage und toller Atmosphäre

Am Strand von Övelgönne
www.strandperle-hamburg.de

3, der schwimmende Leuchtturm in der Elbmündung und viele Segler, die früher den Hauptteil des Verkehrs auf der Elbe bewältigten. Gezeigt wird außerdem historische Hafenumschlagstechnik, die mehrheitlich aus der Zeit zwischen 1880 und 1930 stammt und in Hamburg sowie im norddeutschen Raum im Einsatz war.

Die weitere Wanderung führt unmittelbar am Ufer entlang. Zur Linken geht der Blick über die Elbe, zur Rechten hinauf zu **Schröders Elbpark**. Nur ein Stück weiter das Hans-Leip-Ufer entlang trifft man auf den sich nun gut einen Kilometer am Ufer hinziehenden **Hindenburgpark**. Ihn musste die damals noch nicht zu Hamburg gehörende Stadt Altona im Jahre 1928 teuer kaufen.

Teufelsbrück, das Ziel, ist gleich hinter dem Hindenburgpark erreicht. Vielleicht ist Teufelsbrück nur ein Etappenziel, denn nahtlos lässt sich der nächste Abschnitt des Elbuferwanderwegs bis Blankenese anschließen (▶ Seite 36). Man kann auch den hier beginnenden und sich ins „Landesinnere" erstreckenden **Jenischpark** (▶ Seite 37) erkunden, um dann zum S-Bahnhof Klein Flottbek zu gehen. Wer wirklich früh aufgestanden ist, schafft womöglich auch noch den dort gelegenen **Loki-Schmidt-Garten** (Seite 32).

Restaurant Engel
Thront wie ein Gewächshaus auf dem Anleger, hervorragende Aussicht
Auf dem Fähranleger Teufelsbrück
www.restaurant-engel.de

Spaziergang: 7,5 km
Start: Bhf. Altona
S1, S2, S3, S11, S21, S31 alle 10–20 Minuten
Ziel: S-Bhf. Klein Flottbek
S1, S11 alle 10–20 Minuten

Klingende Hölzer

7

Loki-Schmidt-Garten

Wer sich mit der weltweiten Pflanzenpracht beschäftigen möchte, ist hier genau richtig! Ob Nord- oder Südamerika, Zier- oder Nutzpflanze: Die Artenvielfalt im Garten ist groß. 2012 wurde der „Neue Botanische Garten" nach der verstorbenen Umweltschützerin Loki Schmidt umbenannt, die sich lange für den Erhalt und Ausbau der Grünanlage engagiert hatte.

Eröffnet wurde der „Neue Botanische Garten" 1979. Der Garten gehört zum Botanischen Institut der Hamburger Universität und befindet sich auf dem Gelände des Nordparks der berühmten „Ornamented Farm" von Johann Caspar Voght (► Seite 37).

Im Zentrum des Gartens befindet sich seit 2012 eine **Phylogenetische Zeituhr**, eine kreisförmig gestaltete Anlage, in der 300 Millionen Jahre der Pflanzenevolution in Form einer Uhr dargestellt werden. Am Anfang der Zeitreise steht der Ginkgobaum, der als ältestes lebendes Fossil der Pflanzenwelt gilt.

Wer sich beim Rundgang nach rechts wendet, trifft in der Nähe des Eingangs auf den Bereich „Pflanze und Mensch", der sich der Verflechtung von Botanik und menschlichem Leben widmet. Hier gelangt man zunächst in einen **Nutzpflanzengarten**. Alle europäischen Nutzpflanzen von Kohlgewächsen bis Zwiebeln sind hier angebaut. Je nach Jahreszeit sieht man den Wachstumsstatus unserer Grundnahrungsmittel. Gleich dahinter schließen sich Giftpflanzen an – Kinder bitte an die Hand nehmen! Es folgen ein **Rosengarten** und ein **Steingarten** mit blau leuchtenden, pyramidenförmigen Gewächshäusern.

Im Bereich „Pflanzengeographie" geht es durch die Flora von **Süd- und Nordamerika**. Zum Ausruhen lädt der **Japanische Garten** ein, der neben Pflan-

Riech-, Hör- und Tastgarten
Auf keinen Fall sollte man den Botanischen Garten verlassen, ohne den Riech-, Hör- und Tastgarten besucht zu haben. Hier können sich die Besucherinnen und Besucher nicht nur an den Duftorgeln mit diversen pflanzlichen Düften zudröhnen, sondern auch das Dendrophon ausprobieren – eine Art Instrument, mit dem sich die verschiedenen Holzarten nach dem Klang unterscheiden lassen.

Der Loki-Schmidt-Garten wartet mit einer wahren Blütenpracht auf

zen auch die japanische Gartenkunst repräsentiert. Von einer schattigen Bank aus kann man auf die **zentralasiatische Steppe** schauen. Wer sich lieber in der **alpinen Landschaft** aufhalten möchte, muss nur ein paar Schritte weiter gehen und kann fast wie in den Alpen an kleinen Bächen verweilen.

Beim Weg zurück zum Ausgang lohnt noch eine Wanderung durch den **Rhododendronhain** und den **Bambuswald** mit bis zu sechs Meter hohen Stämmen. Auch ein Abstecher in den **Bauern-** und den **Arzneipflanzengarten** ist lohnenswert. Die Abteilung für Mittelmeerflora, durch die der Rest des Rundweges führt, präsentiert unter anderem einen uralten, knorrigen Olivenbaum.

Spaziergang: 2 km
Start und Ziel: S-Bhf. Klein Flottbek
S1, S11 alle 10–20 Minuten

Tipp: Im Frühjahr zur Krokusblüte den Garten besuchen, wenn in der Nähe des Eingangs unzählige Blüten den Rasen an der linken Seeseite in ein blaues Meer verwandeln. Das **Loki-Schmidt-Haus**, ein Museum für weltweit wachsende Nutzpflanzen, setzt die Tradition des Botanischen Museums zu Hamburg nach dem Umzug aus der Marseiller Straße fort und erfüllt sie im Sinne der Namensgeberin mit neuem Leben.

Die Vielfalt und Bedeutung der Nutzung pflanzlicher Ressourcen wird kleinen und großen Besucherinnen und Besuchern begreifbar gemacht. Produkte aus Nutzpflanzen, die uns alltäglich begegnen, gibt es zu entdecken. Von Äpfeln bis Zucchini wird alles genau unter die Lupe genommen. Auf abrufbaren Steckbriefen gibt es Informationen zu Anbaugebieten, Verwendung, Hauptproduzenten und ökonomischer Bedeutung. Auch Loki Schmidts Entwicklungsgeschichte als Forscherin und Botschafterin für die Natur wird in einer Ausstellung ausführlich dargestellt.

Vom Jenisch Haus hat man einen weiten Blick in den gleichnamigen Park

Parklandschaften an der Elbe

8

Elbuferweg Klein Flottbek – Blankenese

Die Schuhe in die Hand nehmen und mit den Füßen im Wasser waten – das kann man tatsächlich auf dem Weg zwischen den beiden Fähranlegern Teufelsbrück und Blankenese. Bevor man zum Elbstrand gelangt, durchquert man aber erstmal einige der schönsten Parks Hamburgs. Wem der Sinn nach Kunst steht, sollte unbeding das Ernst-Barlach-Haus im Jenischpark besuchen.

Richtung Elbe geht es zuerst durch den vielleicht schönsten, auf jeden Fall aber bekanntesten Park an der Elbchaussee, den **Jenischpark**. Als „Ornamented Farm" ließ der reiche Hamburger Kaufmann Johann Caspar Voght 1797, inspiriert von seinen Englandreisen, eine Mischung aus Mustergut und Landschaftsgarten anlegen. Der ursprüngliche Park war sehr viel größer als der heutige Jenischpark, dieser umfasst nur den ehemaligen Süderpark. Auf anderen Teilen der „Farm" entstanden unter anderem der Loki-Schmidt-Garten (▶ Seite 32) und ein Golfplatz.

Dass sich Voghts Reformgedanken nicht auf die Botanik beschränkten, sondern auch den Menschen einbezogen, davon kann man sich schon auf dem Weg vom S-Bahnhof Klein Flottbek über die zum Park führende Baron-Voght-Straße überzeugen. Mit den Hausnummern 72 bis 52 stehen hier die sogenannten Instenhäuser, die Voght ab 1786 hatte bauen lassen. Die elf erhaltenen Häuser stellen eine frühe Reihenhaussiedlung dar. Durch die geschickte Raumaufteilung ließ es sich in den einheitlich gehaltenen Häuschen für eine Familie recht behaglich wohnen, obwohl die Wohnfläche nicht einmal 30 Quadratmeter beträgt. Heute sind die vorbildlich restaurierten Häuser eine begehrte Adresse bei Singles.

Bevor man die ganze Parklandschaft in ihrer Weite genießt, bietet sich ein Besuch des Ernst-Barlach-Hauses an. Das Haus beherbergt eine Holzskulpturensammlung, 400 Zeichnungen, das druckgrafische Werk und ein Archiv des expressionistischen Bildhauers, Zeichners und Schriftstellers.

Majestätisch auf einer kleinen Anhöhe gelegen, präsentiert sich das **Jenisch Haus** in strahlendem Weiß. Das im Jahre 1832 für den Senator Martin Johann Jenisch nach Plänen von Gustav Forsmann und Karl Friedrich Schinkel errichtete Landhaus ist ein Juwel des Klassizismus. Heute ist das Jenisch Haus eine Außenstelle des Altonaer Museums, es zeigt Mobiliar und Einrichtungen von der Spätrenaissance bis zum Jugendstil. Als Jenisch, übrigens der Patensohn von Johann Caspar Voght, den Besitz seines Patenonkels kaufte, wurde der Süderpark entsprechend dem damaligen Zeitgeschmack weiterentwickelt. Der klassische Landschaftsgarten ist trotzdem bis heute weitgehend erhalten geblieben.

Bargheer Museum
Kleines Museum mit wechselnden Kunstausstellungen, gewidmet dem Leben und Werk des Hamburger Künstlers Eduard Bargheer (1901–1979)

Hochrad 75
22605 Hamburg
www.bargheer-museum.de

Maritimes Flair am Elbstrand in Blankenese

Durchquert man den Jenischpark in südlicher Richtung, gelangt man zum Anleger Teufelsbrück. Dahinter führt die Elbschlosstreppe hoch zur Elbchaussee und dort zum **Elbschlösschen,** einem kleinen klassizistischen Bau von 1804, der unter Denkmalschutz steht. Entworfen wurde er von dem berühmten dänischen Architekten Christian Frederik Hansen, heute hat die Hermann Reemtsma Stiftung hier ihren Sitz.

Kaum zurück am Strand geht schon wieder eine Treppe nach oben, die **Jacobstreppe.** Sie führt zu dem bekannten gleichnamigen Restaurant mit seiner noch bekannteren Lindenterrasse. Max Liebermann hat sie gleich auf zwei Gemälden verewigt. Angelegt wurde die Terrasse von dem französischen Kunstgärtner Daniel Louis Jacques, nachdem er die Witwe des 1790 gestorbenen Wirtshausbesitzers Nicolaus Paridom Burmester geheiratet hatte.

Über dem Elbuferweg ragt bald das satte Grün des Hirschparks auf. Ein Abstecher hinauf zu dieser Anlage lohnt auf jeden Fall. Fast 25 Hektar groß ist der **Hirschpark** und bietet damit Gelegenheit zu ausgedehnten Spaziergängen. Aber der beliebte Park hat noch mehr zu bieten. Berühmt ist die 200 Jahre alte Lindenallee: Uralte, frei stehende Bäume, Solitärbäume, schmücken die großzügigen Freiflächen. Manche ihrer Äste berühren den Boden und dienen Kindern als Klettergerüst. Seinen Ursprung hat der Park in den Aktivitäten Johann Cesar VI. Godeffroys. Auf diesen schwerreichen Kaufmann geht auch das Hirschgehege zurück. Godeffroy war leidenschaftlicher Jäger, doch blieb ihm wenig Zeit, in den

Schmidt und Schmidtchen
Im ehemaligen Billardzimmer des Senators kann man hier im Museumscafé Kaffee, Tee und Gebäck genießen

Baron-Voght-Straße 50
22609 Hamburg
www.shmh.de/jenisch-haus/cafe-shop

Wäldern zwischen Rissen und Blankenese auf die Pirsch zu gehen. Wenn der Jäger nicht zum Hirsch kommt, muss eben der Hirsch zum Jäger kommen. Heute landen die Tiere natürlich nicht mehr vor den Flinten der Pfeffersäcke, sondern können von den Besuchern bestaunt werden. Architektonisches Schmuckstück des Parks ist das **Witthüs**, ein reetgedecktes Haus nahe der Elbchaussee. Von 1950 bis zu seinem Tode 1959 wohnte hier der Dramatiker, Schriftsteller und Orgelbauer Hans Henny Jahnn. Heute ist darin ein Restaurant untergebracht.

Neben dem Hirschpark nimmt sich der nächste Park, der Baurs Park, fast bescheiden aus. Er reicht bis zum Strandweg hinab – diesen Namen hat der Elbuferweg mittlerweile angenommen. Statt der einst berühmten Kleinarchitektur, mit der sein Schöpfer Georg Friedrich Baur die Anlage schmückte, markiert heute ein im klassischen Rot-Weiß gehaltener Leuchtturm den Baurs Park.

Gleich hinter dem Baurs Park beginnt das **Treppenviertel** von Blankenese (► Seite 62). Wer sich bis jetzt vorm Treppensteigen gedrückt hat, wird hier den Dienst einer „Bergziege" in Anspruch nehmen – das sind die kleinen, wendigen Busse der Linie 488, die Fahrgäste zum S-Bahnhof Blankenese bringen.

Spaziergang: 7 km
Start: S-Bhf. Klein Flottbek
S1, S11 alle 10–20 Minuten
Ziel: Fähranleger Blankenese
Bus 488 alle 10–30 Minuten

Der Himmelsberg überragt den Baakenpark

Durch den Baakenpark zum Überseequartier

9

Östliche HafenCity

Wohnen, arbeiten, erholen: Die HafenCity wächst weiter. Die neueste Grünanlage in Hamburgs spannendstem Stadtentwicklungsquartier nah am Wasser ist der Baakenpark mit dem 15 Meter hohen „Himmelsberg“. Auch die spektakuläre U- und S-Bahn-Station Elbbrücken gibt dem Quartier neuen Auftrieb.

Den Rundgang durch die östliche HafenCity startet man am besten an der S-Bahn-Station Elbbrücken. Architektonisches Highlight der 2019 eröffneten Station ist der „Skywalk", eine 70 Meter lange Fußgängerbrücke aus Glas, die sich sechzehn Meter über den Gleisen befindet.

Über die Zweibrückenstraße und den neu angelegten Amerigo-Vespucci-Platz gelangt man über den Petersenkai auf kurzem Weg zum **Baakenpark** 1. Entstanden ist dieser Hafenbereich 1887 für Seeschiffe, doch mit dem Aufkommen der Containerschifffahrt verlor er in den 1960er-Jahren seine Funktion. Der 16000 Quadratmeter große Baakenpark besteht aus Elbsand, der im Hafenbecken aufgeschüttet wurde. Blickfang in der neuen Grünanlage ist der „Himmelsberg", ebenfalls aus Sand der Elbe konstruiert. Auf dem Areal wurden 101 Bäume gepflanzt, darunter einige alte Obstsorten.

Nach diesem Abstecher geht es über die Baakenallee und den Lola-Rogge-Platz ein paar Treppen hinunter zum **Kirchenpauerkai** an der Norderelbe. Die größte und grünste Promenade in der HafenCity lockt mit ökologischer Diversität und einem Fitness-Parcours für Sportbegeisterte. Wer mag, kann den orangefarbenen **HafenCity ViewPoint** 2 ansteuern, um aus 13 Metern Höhe einen Rundblick über den sich entwickelnden Stadtteil zu werfen. Über die Baakenhafenbrücke führt der Weg dann weiter bis zum **Lohsepark** 3, der mit seiner mehr als vier Hektar großen Fläche als die „grüne Lunge" der HafenCity gilt.

An der östlichen Seite des Parks befindet sich eine sogenannte Fuge, die zum **denk.mal Hannoverscher Bahnhof** 4 führt, ein Mahnmal, das an die Deportation von Juden, Roma und Sinti während der NS-Zeit erinnert. Zwischen 1940 und 1945 wurden von hier aus mehr als 8012 Menschen in Zügen in die Konzentrations- und Vernichtungslager gebracht. Namenstafeln erinnern an die von hier aus deportierten Menschen.

NachhaltigkeitsPavillon Osaka 9
Infos zu einer ökologischen, nachhaltigen Stadtentwicklung

Osakaallee 9 (am Magdeburger Hafen)
20457 Hamburg
www.hafencity.com

Oberhafen-Kantine
Regionale und saisonale Speisen im historischen Ambiente einer ehemaligen Kaffeeklappe

Stockmeyerstraße 43
20457 Hamburg
www.oberhafenkantine-hamburg.de

An der Stockmeyerstraße angekommen, hält man sich rechts, um einen Abstecher zur **Oberhafen-Kantine** 5 unter der Eisenbahnbrücke einzulegen. Das urige Restaurant ist nicht nur wegen der kulinarischen Genüsse einen Besuch wert, denn das denkmalgeschützte Klinkergebäude hat eine deutlich wahrnehmbare Schräglage. Einst diente das 1925 erbaute Häuschen der Verpflegung der Hafenarbeiter und war also eine typische Hamburger Kaffeeklappe. Die Schräglage haben Sturmfluten und Unterspülungen verursacht, die bereits aufwendige Sanierungen nach sich gezogen haben.

Nach einer Stärkung führt der Rückweg bis in die Shanghaiallee, wo Freunde und Freundinnen des Motorsports im **Automobilmuseum Prototyp** 6 eine Zeitreise durch die Welt der Rennwagen unternehmen können.

Im **Maritimen Museum** 7 in der Koreastraße wird auf neun Decks im ältesten noch erhaltenen Speicher der Stadt, dem Kaispeicher B aus dem Jahre 1878, die Privatsammlung des Hamburger Professors Peter Tamm gezeigt, dessen Sammelleidenschaft als Sechsjähriger begann. Tausende Exponate von Segelschiffen, Dampfern, U-Booten, Schiffsmodellen aus verschiedenen Materialien vom 16. Jahrhundert bis in die Gegenwart, über Seekarten, Navigati-

Ein guter Ort für Sportbegeisterte: Der Baakenpark

onsgeräte und Schiffseinrichtungsgegenstände lassen die Betrachtenden staunen.

Nach dem Überqueren der Busanbrücke gelangt man zum **Störtebeker-Denkmal** 8. Die Bronzestatue des Künstlers Hansjörg Wagner erinnert an den Piraten Klaus Störtebeker, der 1401 als Anführer der Likedeeler auf dem Grasbrook enthauptet wurde.

Überquert msn das St. Annenfleet, kommt man zum **Deutschen Zollmuseum** 9. Auch wenn oder gerade weil das Hamburger Freihafen-Privileg, das bis auf das Jahr 1881 zurückgeht, am 1. Januar 2013 komplett aufgehoben wurde, lohnt der Besuch des Museums im alten Zollamt Kornhausbrücke in der Straße Alter Wandrahm. Lebensmittel, Zier- und Gebrauchsgegenstände werden hier als beliebte Verstecke für Rauschgift, Schmuck, Waffen oder Munition vorgeführt.

Wieder zurück auf dem Festland, kann man auf dem Weg zur U-Bahn-Station Meßberg noch in die Welt des Genusses eintauchen. Im **Chocoversum** 10, der letzten Station dieses Rundgangs, dreht sich alles nur um Schokolade. Auf 1 200 Quadratmetern kann man den Weg der Kakaobohne bis zur fertigen Tafel verfolgen. Dem Geschmacksgeheimnis kommt man vielleicht auf die Spur, wenn man im Aroma-Atelier seine eigene Schokolade kreiert.

Spaziergang: 4 km
Start: U-Bhf. Elbbrücken
S31, U4 alle 10 Minuten
Ziel: U-Bhf. Meßberg
U1 alle 5–10 Minuten

Staunen in der Speicherstadt

10

Westliche HafenCity

Gewürzmuseum, Kaffee-Rösterei und Miniatur-Wunderland: In der Speicherstadt findet sich für alle Sinne etwas. Wer etwas über die Geschichte des Hamburger Hafens und zum Handel erfahren möchte, sollte das Speicherstadtmuseum besuchen. Gruseln kann sich, wer will, im Hamburger Dungeon. Und für alle, die Lust auf eine Schifffahrt haben, lohnt sich eine Fahrt mit der Fähre 72.

Nimmt man die U-Bahn bis zum Überseequartier, fühlt man sich nach dem Aussteigen auch erst einmal wie im Meer oder unter der Elbe, zumindest aber unter Wasser. Oben angekommen, erstreckt sich der 55 Meter hohe Marco-Polo-Wohn- und Gewerbeturm mit den ineinander verschränkten Stockwerken und das ökologisch konzipierte ehemalige Unilever-Gebäude mit transparenter Außenfassade in der Nähe der **Marco-Polo-Terrassen.** Am Café an den Terrassen stehen im Sommer Liegestühle mit Elbblick.

Die meisten musealen Attraktionen befinden sich allerdings nicht in der HafenCity, sondern in der alten Speicherstadt mit ihren roten Backsteinfassaden. Sie ist durch die Straße Am Sandtorkai von den modernen Glasbauten getrennt. Um dorthin zu gelangen, folgt man dem Großen Grasbrook zunächst zu den **Magellan-Terrassen.** Hier blickt man auf die Elbphilharmonie und auf den Traditionsschiffhafen mit alten Seglern und Dampfern, der eingerahmt ist von den unterschiedlichsten architektonischen Projekten, hinter deren schillernden Fronten sich Büros und Wohnungen verbergen.

Links um die Ecke im **Kesselhaus** 1, Am Sandtorkai 30, kann man sich über neueste Bauaktivitäten in der HafenCity informieren. Hier wird alles präsentiert, was sich zwischen Elbbrücken und

HafenCity InfoCenter
Hier bekommt man aktuelle Informationen zur Planung und Entwicklung der HafenCity. Wer möchte, kann außerdem an kostenlosen Führungen teilnehmen.

Im Kesselhaus
Am Sandtorkai 30
www.hafencity.com

Die berühmte Elbphilharmonie nahe der historischen Speicherstadt

Kehrwiederspitze tut. Auch Führungen zu unterschiedlichsten Themen werden angeboten.

Am Sandtorkai 34 riecht es hingegen nach Gewürzen. Im **Spicy's** 2 kann man etwa 50 Rohgewürze fühlen, riechen und schmecken. Über 900 Exponate erzählen Gewürzgeschichte vom Anbau bis zum Fertigprodukt. Im Nachbargebäude hat sich das **Speicherstadtmuseum** 3 niedergelassen. Im authentischen Ambiente eines Lagerhauses aus dem 19. Jahrhundert zeigt das Museum, wie die Quartiersleute früher hochwertige Importgüter gelagert, bemustert und veredelt haben. Auch die Baugeschichte der Speicherstadt wird illustriert. Das Museum bietet zudem thematische Rundgänge durch die Speicherstadt zum Handel mit Gewürzen und Kaffee an.

Gleich drei Attraktionen gibt es in der Parallelstraße Kehrwieder: Im **Miniatur Wunderland** 4 lässt sich der Eisenbahnfan im Maßstab 1:87 begeistern. Auf mehr als 16 Kilometern Gleislänge bahnen sich über 1 000 Züge ihren Weg durch die Landschaft von neun Ländern. In der **Speicherstadt Kaffeerösterei** 5 nebenan kann man beim Rösten zuschauen und auch an Verkostungen teilnehmen. Schauspielerinnen und Schauspieler entführen im **Hamburg Dungeon** 6 mutige Erwachsene und Kinder ab 10 Jahren ins 18. und 19. Jahrhundert, als Sturmflut, Pest und Feuersbrünste die Hansestadt heimsuchten.

Ein Stück weiter biegt man links in die Straße Am Kaiserkai und kommt so zum Platz der Deutschen Einheit mit dem wohl berühmtesten Bauwerk der HafenCity – der **Elbphilharmonie** 7. Nach langer

Miniatur Wunderland
Eine fesselnde Welt im Maßstab 1:87. Besonders während der Ferien empfiehlt es sich, Tickets schon vorab zu kaufen.

Kehrwieder 2–4
20457 Hamburg
www.miniatur-wunderland.de

Verzögerung wurde das Megaprojekt Anfang 2017 endlich fertiggestellt und feierlich eröffnet. In dem Gebäudekomplex befinden sich drei Konzertsäle, ein Hotel und 45 Wohnungen. In dem großen Konzertsaal finden 2 100 Besucherinnen und Besucher Platz, denen hier ein abwechslungsreiches Programm und eine erstklassige Klangerfahrung geboten werden. Außerdem gibt es einen frei zugänglichen Platz in 37 Metern Höhe, der fantastische Ausblicke auf den Hafen bietet. Die sogenannte Plaza erreicht man über eine geschwungene Rolltreppe. Allerdings muss man Tickets erwerben. Für einen Plaza-Besuch am selben Tag gibt es je nach Verfügbarkeit kostenlose Tickets.

Zurück Richtung Speicherstadt und über die Straße Niederbaumbrücke ist die U-Bahn-Station Baumwall schnell erreicht. Aber was wäre ein Besuch in der HafenCity ohne eine Schifffahrt? Dafür verlässt man die HafenCity vom Fähranleger Elbphilharmonie. Von Bord der Fähre 72 sieht man das rote **Feuerschiff** 8, den Stückgutfrachter **Cap San Diego** 9 und den **Großsegler Rickmer Rickmers** im Hafenbecken dümpeln und nimmt Kurs auf die St. Pauli Landungsbrücken.

Spaziergang: 3 km
Start: U-Bhf. Überseequartier
U4 alle 10 Minuten
Ziel: U-Bhf. Baumwall
U3 alle 5–10 Minuten

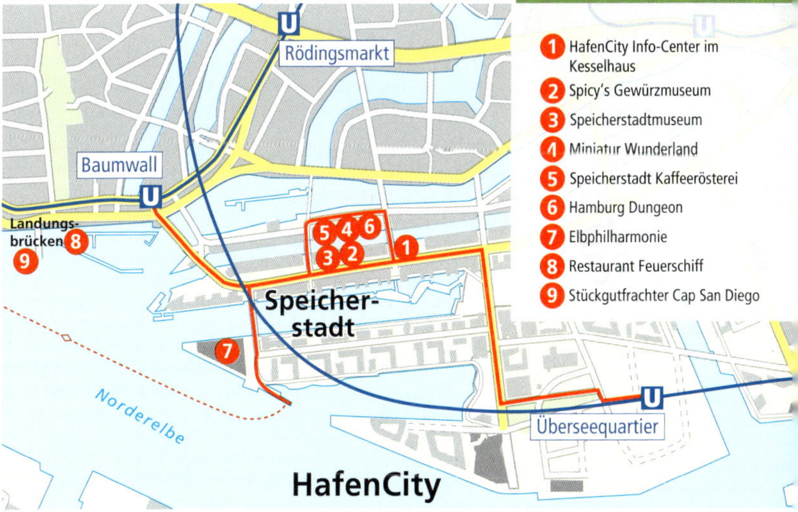

Von der Gartenschau zum Volkspark

11

Wilhelmsburger Inselpark

„In 80 Gärten um die Welt“ lautete das Motto der Internationalen Gartenschau (IGS), die im Oktober 2014 ihre Tore schloss. Heute ist auf dem frei zugänglichen Gelände in unmittelbarer Nachbarschaft der neuen Wilhelmsburger Mitte ein attraktiver Volkspark entstanden, der viel Raum für Spiel und Bewegung bietet.

Vom S-Bahnhof Wilhelmsburg, vorbei am schwungvoll bunten Gebäude der **Behörde für Stadtentwicklung** 1, ist der Haupteingang des Inselparks nach wenigen Schritten erreicht.

Er liegt in der Neuen Mitte Wilhelmsburg, dem IBA-Quartier im Herzen der Elbinsel. Vis-à-vis der fünf von einem Kanal umgebenen **WaterHouses** 2 befindet sich die Inselparkhalle mit dem **Schwimmbad** 3. Besonderheit der Freizeiteinrichtung: Im Sommer lassen sich die verschiebbaren Glasfenster an der Südseite vollständig öffnen. So hat man freien Zugang zu den Liegewiesen und das Hallenbad wird zum Freibad. Wer mag, unternimmt vor dem Parkspaziergang einen Abstecher in das **Wälderhaus** 4, dessen Fassade und Gebäudestruktur nachhaltig aus Holz gestaltet wurden. Mit einer Dauerausstellung macht die Schutzgemeinschaft Deutscher Wald die Ökologie des Waldes, seine entscheidende Rolle für Wasser und Klima sowie seine kulturelle Bedeutung erfahrbar.

Weiter geht es in die am östlichen Parkrand gelegene **Welt der Bewegung** 5, bestehend aus elf Gärten. Klein und Groß, Alt und Jung, Menschen mit und ohne Behinderungen können hier die Lust an sportiver Betätigung entdecken. Besonders beliebt ist die 1 500 Quadratmeter große Skater-Anlage mit Bowl- und Streetbereich. Ein Paradies für Kletterfans ist die 850 Quadratmeter große Nordwandhalle mit Innen- und Außenkletterwänden, übrigens das erste Null-CO^2-Kletterzentrum Deutschlands. Gleich dahinter bietet ein Hochseilgarten Kletterspaß in fünf Schwierigkeitsstufen.

Ein Blickfang in der **Welt der Kontinente** 6 ist der Sansibar-Felsen, ein vier Meter hoher, wie vom Wind verformter Steinbrocken, auf dem eine 25 Jahre alte Schwarzkiefer thront. In den westlich davon gelegenen einstigen Naturwelten entwickelt sich eine Schilffläche, im südlichsten Teil des Parks befindet sich der **Naturerlebnisgarten** 7 des BUND mit attraktiven Angeboten für die ganze Familie.

Vorbei am Kuckucksteich, wo noch einige Gärten aus der **Welt der Kulturen** 8 erhalten sind, gelangt man zu den Laubengärten, die wie selbstverständlich in die Gartenausstellung einbezogen wurden. Wer sehen möchte, wie ihre Besitzer die Minigärten pflegen und hegen, kann zwischen den Parzellen

Restaurant Wilhelms im Wälderhaus
Vorzugsweise regionale Produkte, raffiniert zubereitet. Im Sommer große Außenterrasse mit Blick auf weitere IBA-Projekte.

Am Inselpark 19
21109 Hamburg
www.raphaelhotelwaelderhaus.de/restaurant

Kanufahren im Inselpark
Wilhelmsburg ist von zahlreichen Kanälen durchzogen. Vom Kuckucksteich aus kann man mit dem Kanu eine Rundtour durch den Park oder bis zum Ernst-August-Kanal starten. Besonders schön ist das, wenn im Sommer die Seerosen blühen.

Viel Natur gibt es im Wilhelmsburger Inselpark – und das Wälderhaus mit seiner Fassade aus Lärchenholz

entlangflanieren oder nimmt den Weg über den neu angelegten Rosenboulevard.

Ein Durchgang führt in die Westseite des Parks, wo die Besucherinnen und Besucher vom alten Baumbestand rund um einen kleinen See und dem idyllisch gelegenen Kükenbrack empfangen werden. Dahinter eröffnet sich der Blick auf das ehemalige Wasserwerk.

Rechter Hand führt der Weg in die **Wasserwelten** 9. Während der Gartenschau wurde hier mit unterschiedlichen Gärten Wassermangel und -überfluss zum Thema gemacht. Erhalten geblieben ist unter anderem ein kleiner Nebelwald sowie der Geysirgarten. Inmitten einer Steinlandschaft schießt ruckartig immer wieder eine zwölf Meter hohe Fontäne heraus – zur Freude besonders der jungen Parkgäste. In der nordwestlich gelegenen **Welt der Religionen** 10 waren während der Blumenschau Christentum, Buddhismus, Hinduismus, Islam und Judentum repräsentiert. Auch diese Gärten wurden seit Ende der Ausstellung stark reduziert, blieben aber in ihrer Grundform erhalten und sollen als interkultureller Treffpunkt dienen. Ein gemeinsamer Brunnen ist das Zeichen für Respekt und Toleranz. Er symbolisiert die Bedeutung des Wassers als Quell des Lebens für alle Religionen. Integriert ist die alte Kapelle inmitten des ehemaligen Friedhofs, die als Veranstaltungsort genutzt wird.

Der neue Inselpark und die IBA-Bauten lassen sich nicht nur bei einem Spaziergang, sondern auch vom Wasser aus entdecken. In der warmen Jahreszeit können in der „Villa Willi“ am Kuckucksteich Tretboote und Kanus entliehen werden. Alternativ sind Kanus auch im Naturerlebnisgarten gegen eine Spende ausleihbar.

Spaziergang: 5 km
Start und Ziel: S-Bhf. Wilhelmsburg
S3, S31 alle 10–20 Minuten

Wilhelmsburger Inselpark

1. Behörde für Stadtentwicklung
2. WaterHouses
3. Schwimmhalle Inselpark
4. Wälderhaus
5. Welt der Bewegung
6. Welt der Kontinente
7. BUND Naturerlebnisgarten
8. Welt der Kulturen
9. Wasserwelten
10. Welt der Religionen

WALDER HAUS
HOTEL AUSSTELLUNG
RESTAURANT TAGUNG & EVENT
EINGANG
RESTAURANT
FEIERN

Auf zum kleinsten Leuchtturm Hamburgs

12

Bunthäuser Spitze

Vom lebhaften Bahnhof in Wilhelmsburg geht es in die ländliche Idylle der Bunthäuser Spitze. Hier kann man sich ganz der vielfältigen Natur auf der Marschinsel hingeben: Im Naturschutzgebiet Heuckenlock kann man den urwaldartigen Baumbestand bewundern und seltene Vögel beobachten.

Vom Bahnhof Wilhelmsburg gelangt man über die Krieterstraße und den Siedenfelder Weg auf die Kirchdorfer Straße. Auf der geht es für einen kleinen Abstecher zunächst nach links, um zur **Windmühle Johanna** zu gelangen. Biegt man nach einem kurzen Stück in die Schönenfelder Straße ein, hat man das Ziel erreicht.

Die Mühle ist die fünfte ihrer Art, die seit 1582 an dieser Stelle errichtet wurde. Ende der 1990er-Jahre wurde sie aufwendig restauriert und erstrahlt seitdem im neuen Glanz. Gleich neben der Mühle entstand als IBA-Projekt ein Backhaus, in dem inzwischen das „Wilhelmsburger Mühlenbrot" gebacken wird.

Nach der Mühlenbesichtigung geht es den Weg auf der Kirchdorfer Straße zurück und am **Museum Elbinsel** vorbei, das aufgrund von Sanierungsarbeiten leider noch bis 2025 geschlossen bleibt. Untergebracht ist es in einem ehemaligen Amtshaus, das auf den Grundmauern des „Adeligen Sitzes Stillhorn" errichtet wurde, einem Schloss der Groten.

Dieses Gebiet der Elbinsel gehörte ursprünglich zur Insel Stillhorn. Erst Ende des 17. Jahrhunderts wurde es zusammen mit den Inseln Georgswerder und Reiherstieg-Rothehaus zum heutigen Wilhelmsburg zusammengedeicht. Als die Marschinsel noch vorrangig aus fruchtbarem Weideland bestand, war

Die alte Windmühle Johanna wurde in den 1990er-Jahren aufwendig restauriert

sie einer der Milchlieferanten für die Hansestadt. Nicht weit entfernt, in der Nähe der Kreuzkirche, befindet sich das älteste Haus der Flussinsel: das Küsterhaus von 1660.

Vom dörflichen Kern radelt man weiter zum ländlichen Teil: Hinter dem Moorwerder Deich ist das **Naturschutzgebiet Heuckenlock** mit seinem urwaldartigen Baumbestand versteckt. Weitgehend unberührt, erblühen in dem Gebiet im Frühjahr reiche Bestände der geschützten Sumpfdotterblume und auch Graureiher, Weißstorch und Seeadler fühlen sich hier zu Hause. Über das besondere Ökosystem des Süßwasserwatts informiert das **Elbe-Tideauenzentrum.** Von dort führt ein Wanderweg zur **Bunthäuser Spitze** mit ihrem malerischen **Leuchtturm,** exakt dorthin, wo sich der Fluss in Süder- und Norderelbe trennt.

Nach dem Ausflug in die Naturidylle geht es mit dem Drahtesel zurück ins urbane Wilhelmsburg. Am Moorwerder Hauptdeich fährt man jetzt an der Nordelbe entlang, bis links der Siedenfelder Weg abbiegt. Folgt man dem Weg immer geradeaus, gelangt man zurück zum Wilhelmsburger Bahnhof.

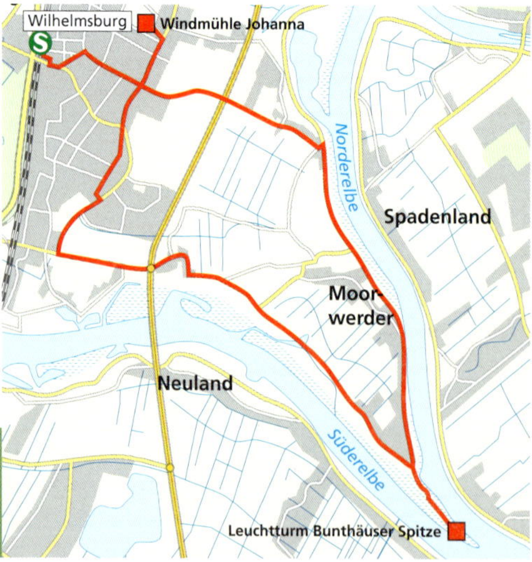

Radtour: 17 km

Start und Ziel: S-Bhf. Wilhelmsburg
S3, S31 alle 10–20 Minuten

Grüne Orte ganz nah

Durch das Waldgebiet Klövensteen streifen, am Elbufer wandern, im Duvenstedter Brook den Hirsch röhren hören oder eine kleine Zeitreise in die Schwarzen Berge machen: All das kann man wunderbar an Hamburgs grünem Rand. Wer schöne Landschaften bewundern, hübsch angelegte Gärten bestaunen, Schlösser besichtigen oder ein Wildgehege besuchen will, muss gar nicht weit fahren, um auf seine Kosten zu kommen.

Wenn das Wetter es zulässt, kann man am Falkensteiner Ufer auch barfuß an der Elbe entlanglaufen

Ein Tag im Wald

13

Klövensteen

Pferdekoppeln, Kiefernwald und Moorlandschaft: Nicht ohne Grund gehört das große Wald- und Wiesengebiet Klövensteen zu den beliebtesten Auflugszielen der Hamburgerinnen und Hamburger. Hier fühlt sich die laute Großstadt sehr weit weg an und wer mag, kann in einem Wildgehege Waschbären, Uhus und Graureiher beobachten.

Der Klövensteen, ein großes Wald- und Weidegebiet im Westen der Hansestadt, ist ein traditionelles Ausflugsgebiet der Hamburgerinnen und Hamburger. Die landschaftlichen Schönheiten dieses Gebiets an der westlichen Stadtgrenze lassen sich besonders gut vom Pferdesattel aus erleben. Aber nicht nur für Reiterinnen und Reiter ist das Naherholungsgebiet verlockend.

Ein richtiges Pferd braucht es für die Erkundung des Waldes aber auch nicht unbedingt, ein Drahtesel leistet ebenso gute Dienste. Ein Vorteil ist dabei natürlich, dass man das Fahrrad bequem in der S-Bahn bis zum Bahnhof Rissen mitnehmen kann. Versuchen Sie das mal mit einem Pferd.

Vom S-Bahnhof ist man über den nahen Klövensteenweg schon bald in einem Kiefernwald. Wer mag, kann in der Nähe des **Waldspielplatzes** das Fahrrad abstellen und zu Fuß einen Abstecher in das linker Hand befindliche **Naturschutzgebiet Schnaakenmoor** mit seinen vielfältigen Biotoptypen machen, die von den Forstkulturen des Waldreviers umgeben sind.

Zurück auf dem Klövensteen folgt man der Ausschilderung zur **Pony-Waldschänke**, einem beliebten Familienausflugslokal. Gestärkt geht es auf den gut ausgeschilderten Wirtschaftswegen in nördlicher Richtung in den eigentlichen Staatsforst Klöven-

Restaurant Reitstall Klövensteen
Biergarten, Fisch- und Wildgerichte

Uetersener Weg 100
22869 Schenefeld
www.restaurant-reitstall-kloevensteen.de

Das Naturschutzgebiet Schnaakenmoor begeistert mit seinen vielfältigen Biotopen

steen. Auf dem Weg wechseln immer wieder kleinere Waldgebiete mit Pferdekoppeln ab. Zahlreiche private Reitställe verteilen sich über den Klövensteen.

Spätestens auf der Fahrt über die ruhigen Waldwege sollte man sich überlegen, ob der Ausflug zurück nach Rissen führen soll oder ob Wedel das Ziel der Fahrt ist. Wer sich für Wedel entscheidet, lernt noch eine andere schöne Landschaft kennen: das ausgedehnte Moorgebiet, das sich auf schleswig-holsteinischem Boden an den Klövensteen anschließt. Das **Naturschutzgebiet Buttermoor/Butterbargsmoor** ist Rückzugsort und Lebensraum für viele Tierarten wie diverse Schmetterlings- und Libellenarten, aber auch Fledermäuse, gefährdete Vogelarten, Reptilien und Amphibien. Wer seine Rundtour durch den Klövensteen, der insgesamt 580 Hektar umfasst, über den Sandmoorweg fortsetzen möchte, kommt am **Wildgehege** vorbei. Bei einem Rundgang lassen sich Uhus, Graureiher, Nerze und Waschbären beobachten und mit etwas Glück zeigen sich Hirsche, Rehe und Wildschweine. Für einen besonders guten Einblick in die einzelnen Gehege sorgt eine kleine Aussichtsplattform. Das Füttern der Tiere ist allerdings nicht erlaubt. Im Herbst stehen Sammelbehälter für Eicheln und Kastanien bereit. Wer mag, kann sich auf diese Weise an der Zufütterung während des Winters beteiligen.

In der gegenüberliegenden Kleinen Waldschänke kann man in frischer Waldluft noch eine letzte Pause genießen, bevor es über den Sandmoorweg nach einem waldreichen Tag mit viel gesunder Luft zurück zum Rissener Bahnhof geht.

(Rad-)Rundwanderung: 14 km

Start und Ziel: S-Bhf. Rissen
S1 alle 10–20 Minuten

Treppauf, treppab

14

Blankenese

Jede Wette, dass Sie sich bei diesem Ausflug mindestens einmal verlaufen werden. Das Treppenviertel des Blankeneser Süllbergs ist ein wahres Labyrinth – allerdings ein äußerst malerisches. Auf dem Weg zum Treppenviertel sollte man einen Halt im Goßlers Park und im Hirschpark einlegen. Wer mag, kann den Rückweg vom Anleger in Blankenese mit der „Bergziege" zurücklegen.

Nach der Ankunft am Blankeneser S-Bahnhof bietet sich vor der Erkundung des Treppenviertels zunächst ein Spaziergang im benachbarten **Goßlers Park** 1 mit dem Goßlerhaus an. Wie auf einer Bühne erhebt sich auf einer sanften, rasenbewachsenen Anhöhe der klassizistische weiße Prachtbau.

Wenn man die **Blankeneser Bahnhofstraße** 2 hinunterbummelt, zweigt links der Mühlenberger Weg ab, wo am **Markt** 3 die **Blankeneser Kirche** 4 steht. Die Backsteinkirche im neugotischen Stil wurde 1896 eingeweiht.

Hält man sich an der Blankeneser Bahnhofsstraße links, kann man einen Abstecher zum etwas weiter entfernt liegenden Baurs Park machen. Der verdankt seinen Namen dem Altonaer Kaufmann Georg Friedrich Baur. Dieser ließ den Park anlegen und bestückte ihn mit allerlei Schmuckarchitektur: Mehrere Tempel, eine künstliche Turmruine, eine Orangerie und diverse Grotten gehörten dazu. Ein chinesischer Turm befand sich dort, wo heute ein moderner Leuchtturm steht. Von all den Bauten blieb nichts erhalten. Auch von der ursprünglichen Parkanlage ist nur noch ein Rest übrig, eben der heutige Baurs Park.

Verzichtet man auf den Umweg zum Baurs Park und bleibt auf der Blankeneser Bahnhofsstraße, geht bald rechts ein Weg zum **Hessepark** 5 ab. Wie Goßlers Park ist auch der Hessepark in den 1920er-Jahren von der Gemeinde Blankenese erworben worden und steht seitdem der Öffentlichkeit zur Verfügung. Heute ist er ein anerkanntes Gartendenkmal nach dem Hamburgischen Denkmalschutzgesetz. Am nördlichen Rand der Grünanlage befindet sich das Hesse-Haus, ein über 200 Jahre altes ehemaliges Landhaus, das unter Denkmalschutz steht.

Vom Hessepark ist es nur ein Katzensprung zur Erkundung des Treppenviertels und zur Besteigung des Süllbergs. Der **Süllberg** 6 ist eine steil zum Elbufer abfallende Anhöhe von 75 Metern. Zweimal wurde hier in fernen Zeiten eine Burg errichtet,

Kaffeegarten Schuldt
Kleines Traditionscafé mit traumhaftem Blick über das Treppenviertel und die Elbe. Hier kann man sein Kaffeepulver auch selbst mitbringen.

Süllbergsterrasse 30
22587 Hamburg
www.kaffeegarten-schuldt.de

Im Treppenviertel von Blankenese geht es steil bergauf

aber beide Male hatte sie nur wenige Jahre Bestand. Der Berg blieb ungenutzt und unbewohnt. Im Jahre 1837 erkannte schließlich ein cleverer Gastronom den Wert der exponierten Lage mit dem herrlichen Ausblick und eröffnete hier einen Milchausschank, aus dem sich bald ein bekanntes Ausflugslokal entwickelte. Der Bau mit seinem runden Aussichtsturm sollte an eine alte Burg erinnern. Nach aufwendiger Renovierung bietet die Anlage anspruchsvollen und betuchten Ausflüglern in verschiedenen Restaurants angenehme Rast. Unweit befindet sich auch der **Waseberg** 7 mit dem Bismarckstein, einem 87 Meter hohen Aussichtsberg mit weitem Blick nach Westen.

Bedingt durch die Lage am Hang sind viele Wege in Blankenese als Treppen angelegt. Die Namen erinnern an die Bewohner der Häuser, zu denen sie führten: Bartmanns Treppe, Bornholdts Treppe, Schlagemihls Treppe. Kröger, Lesemann und Möller haben ebenso ihre eigene Treppe wie die Broers und die Oestmanns. An der Beckers Treppe kann man Sagebiels Fährhaus besuchen und hat von dort einen herrlichen Blick über die Elbe. Einen ähnlich schönen Blick hat man von den Elbterrassen, zu denen man von Krögers Treppe aus gelangt.

Die längste Treppe ist die Strandtreppe, die von der Blankeneser Hauptstraße hinunter zum Elbstrand führt.

Wochenmarkt
Frische Leckereien und vieles mehr in der Blankeneser Bahnhofstraße

Di 8–14, Fr 8–18, Sa 8–13 Uhr

Ein Besuch dieses **Treppenviertels** 8 lohnt auf jeden Fall. Schön anzusehen und meist vorbildlich gepflegt sind die vielen alten, zum Teil reetgedeckten Häuser, in denen früher die Lotsen, Kapitäne und Schiffbauer lebten. Für Fremde stellt sich das Treppenviertel allerdings als dreidimensionales Labyrinth dar. Wenn man sich verlaufen hat, ist es am einfachsten, sich immer bergab zu halten. So gelangt man irgendwann zwangsläufig zum **Strandweg** 9 am Ufer der Elbe. Unterhalb des Süllbergs liegt der **Fähranleger** 10, von dem die Fähre nach Cranz verkehrt (▶ Seite 157). Die Landungsbrücke wird auch „Bull'n" genannt, nach einem kleinen, flachbödigen Transportschiff, das hier einst als improvisierte Landungsbrücke diente.

Wer keine Lust auf eine Schifffahrt hat, fährt mit der „Bergziege", der StadtBus-Linie 488. Seit 1959 fahren die Bergziegen dieselbe spektakuläre Strecke durch Blankenese. Es sind kleine, wendige Busse, eigens für diese Strecke angefertigt, damit sie gut durch die engen Gassen des Treppenviertels kommen. Besonders umweltfreundlich – nämlich elektrisch – fahren sie seit dem Jahr 2014. Und die steilen Abschnitte schafft die Bergziege spielend: Den Waseberg mit immerhin 16 Prozent Steigung nimmt sie ohne zu meckern.

Spaziergang: 6 km
Start und Ziel: S-Bhf. Blankenese
S1, S11 alle 10–20 Minuten

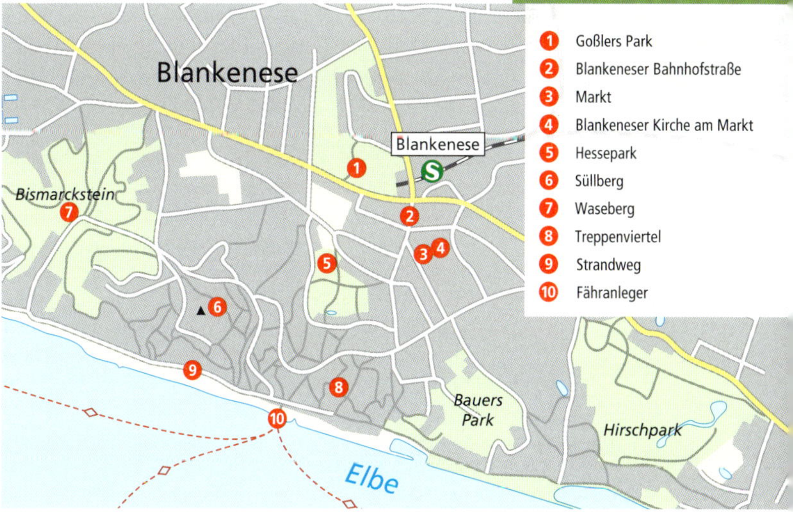

Wandern am Strom

15

Falkensteiner Ufer

Die Elbe weist den Weg: zu imposanten Hochufern, zu verborgenen historischen Gärten und urwüchsigen Naturschutzgebieten. Der kilometerlange Sandstrand des Falkensteiner Ufers lockt besonders im Sommer viele Hamburgerinnen und Hamburger an die Elbe.

Am Blankeneser Fähranleger kann man über die Reling gebeugt auf die Elbwellen schauen: Rechts schweift der Blick über die mittlerweile zusammengewachsenen, unbewohnten Elbinseln Neßsand und Schweinesand ins Alte Land – und links über das Mühlenberger Loch. Besser: über die Reste des einstigen Biotops. Denn große Teile des Mühlenberger Lochs wurden mit Milliardenaufwand zugeschüttet, um dort die Erweiterungsbauten der Finkenwerder Flugzeugfabrik von Airbus Industries zu errichten. Das **Falkensteiner Ufer** auf der rechten Seite ist vor allem aufgrund des kilometerlangen Sandstrands im Sommer ein beliebtes Ziel für viele Hamburgerinnen und Hamburger.

Auf dem Weg nach Wedel lässt sich hier aber noch einiges andere entdecken. Zunächst wandert man entlang des Flusslaufes auf dem **Strandweg**, der bald in den Falkensteiner Uferweg übergeht. Abseits des Uferwanderwegs führen teilweise sehr steile Wege hinauf zu Aussichtspunkten und malerischen Panoramablicken über die Elbe. Zudem wirft die Sonne zwischen den Baumkronen und Hecken Streiflichter auf die prächtigsten Hamburger Villen. Einst als kleines Fischerdorf bekannt, in dem Kapitäne und Lotsen ihre Zeit an Land genossen, hat sich Blankenese inzwischen zu einem großbürgerlichen Villenviertel entwickelt. Nach einer alten Volksweisheit heißt es: „Mehr als Blankeneser kann ein Hamburger nicht werden." Blankenese ist nicht nur einer der reichsten Stadtteile Hamburgs, sondern gilt auch als einer der schönsten. Den Reiz des **Treppenviertels** (▶ Seite 65) macht nicht zuletzt sein fast mediterranen Flair aus: leuchtend weiße Fassaden, umgeben von viel Grün und eng an die Elbhügel gebaut. Vielerorts hat man einen wunderschönen Blick auf den Strom. Daher lohnt sich ein Aufstieg auf jeden Fall, beispielsweise zu den Elbterrassen, die über die Möllerstreppe zu erreichen sind.

Zurück auf dem Strandweg führt dort, wo bei Ebbe zwei Schiffswracks aus dem Wasser ragen, ein Weg über einige Treppenstufen hangaufwärts zum **Römischen Garten**. Bereits Mitte des 19. Jahrhunderts begann die Gestaltung des Geländes am Hang des Kösterbergs als Park. Die erste Obergärtnerin Deutschlands, Else Hoffa, vollendete die Gestaltung der Terrassenanlage im Auftrag der Familie des

Puppenmuseum Falkenstein – Sammlung Elke Dröscher
Eine Puppensammlung mit über 500 Exponaten, die als historisches Spiegelbild vergangener Epochen präsentiert werden

Grotiusweg 79
22587 Hamburg
www.elke-droescher.de

Der Römische Garten bietet einen tollen Ausblick

berühmten jüdischen Kunstkritikers Aby Warburg. Die mehrteilige Anlage nach italienischem Vorbild, in der in den 1920er- und 30er-Jahren ausgiebige Gartenfeste gefeiert wurden, ist in dieser Form leider nicht mehr komplett erhalten. Drei umliegende Gebäude gehörten einst ebenso zur Parkanlage wie ein aufwendig gestalteter Rosengarten. Der begehbare Teil des immergrünen Parks umfasst heute eine wunderschöne Rasenfläche mit Seerosenbecken, Blumenbeeten und einer mächtigen, girlandenartigen Thujahecke. Nachdem die Warburgs 1938 vertrieben worden waren, diente der Kösterberg zur Zeit des Nationalsozialismus als Wehrmachtslazarett. Nach der Rückkehr der Warburgs 1945 errichteten sie für viele jüdische Waisenkinder, die den Holocaust überlebt hatten, auf dem Gelände einen Zufluchtsort. Dort konnten sie am Elbhang spielen, bis die Ausreisegenehmigungen nach Palästina ausgestellt wurden. Das Gelände wurde im Tauschhandel 1951 schließlich der Stadt Hamburg geschenkt und als öffentlich begehbarer Park eingerichtet.

Heute gibt es hier auch ein terrassenartiges Naturtheater, das sich etwas hangabwärts befindet. Auf den Grasbänken des Mini-Amphitheaters können bis zu 200 Personen unter freiem Himmel Theaterstücke genießen.

Zurück auf dem Falkensteiner Uferweg wandert man nun weiter gen Westen. Wenn man sich im Restaurant Zum Falkenstein noch für den weiteren Weg stärken möchte, biegt man auf den Falkensteiner Weg ab und wandert ihn hinauf. Wer genug Zeit hat, kann die Strecke nach Wedel statt am Strand über

Zum Falkenstein
Restaurant mit Gartenbereich, herzhafte deutsche Gerichte

Kösterbergstraße 105
22587 Hamburg
www.zum-falkenstein.de

den Grotiusweg hin zum **Sven-Simon-Park** zurücklegen. Dort wartet neben dem landschaftlichen Reiz auch ein Museum der besonderen Art auf die Besucherinnen und Besucher: Das **Puppenmuseum** zieht mit seinen mehr als 300 Exponaten nicht nur kleine Kinder in seinen Bann und ist dazu noch in einer der prächtigen Villen Blankeneses beherbergt.

Ein letztes Naturerleben bietet sich im **Naturschutzgebiet Wittenberger Heide**, einem 67 Hektar großen Areal, das neben dem höchsten Hamburger Elbhang auch eine Binnendüne umfasst und vielfältige Tier- und Pflanzenwelten offenbart. Nahe der Naturlandschaft am Ufer befindet sich auch der rund 30 Meter hohe Leuchtturm, der seit 2004 unter Denkmalschutz steht. Danach beginnt hinter der Grenze nach Schleswig-Holstein ein Industriegebiet. Eine stillgelegte Ölraffinerie und ein Heizkraftwerk verstellen den Weg. Das „Industriedenkmal" umgeht man am besten über den Tinsdaler Weg. Danach fällt die Entscheidung schwer, ob man auf diesem über die Bahnhofstraße ins historische Zentrum Wedels und zur S-Bahn läuft, oder ob man sich wieder Richtung Elbe auf den Elbwanderweg begibt, der an der Schiffsbegrüßungsanlage Willkomm Höft endet (► Seite 128).

Wanderung: 10 km
Start: Fähranleger Blankenese
Bus 488 alle 10 Minuten
Ziel: S-Bhf. Wedel
S1 alle 10–20 Minuten

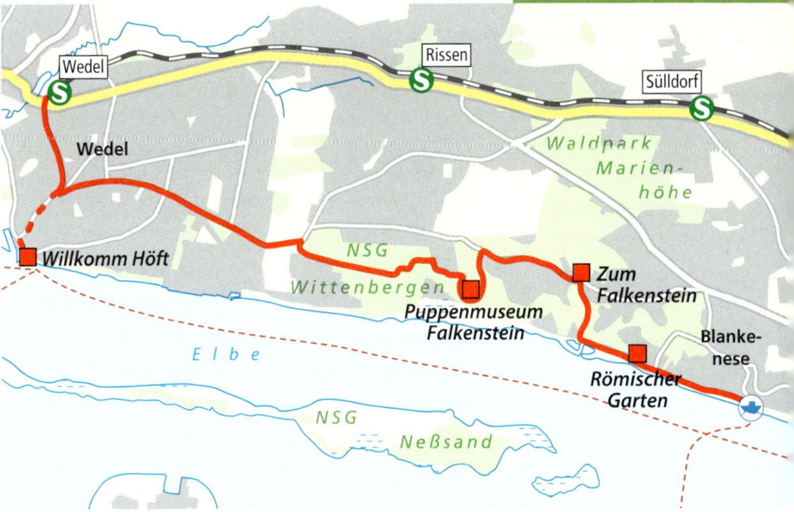

Eine Zeitreise

16

Schwarze Berge und Kiekeberg

Wie frühere Generationen gelebt und gearbeitet haben, lässt sich in keinem anderen Museum so hautnah erleben wie im Freilichtmuseum am Kiekeberg. Und gleich nebenan – im Wildpark Schwarze Berge – kann man europäische Wildtiere und verschiedenste Haustierrassen bewundern.

Ein erlebnisreicher Tag ist garantiert, wenn sich Familien zu einem Ausflug in den Naturpark Schwarze Berge aufmachen. Ob man den Handwerkern im Freilichtmuseum am Kiekeberg über die Schultern schaut oder im Wildpark Hängebauchschweine streichelt oder Ziegen füttert – für alle ist etwas dabei.

Wer nicht direkt mit der Buslinie 340 ab S-Bahnhof Neuwiedenthal vor das Museum oder den Wildpark fahren möchte, der kann vom S-Bahnhof Neuwiedenthal etwa zwei Stunden lang durch den **Naturpark Neugrabener Heide** dorthin wandern. Mit dem Fahrrad geht es schneller, aber zum Teil sind die Waldwege schmal und holprig.

Vom S-Bahnhof Neuwiedenthal überquert man die Cuxhavener Straße und wendet sich nach links, um in den Scharpenbargsweg einzubiegen. An seinem Ende beginnt der mit einem blau-weißen Schild gekennzeichnete Wanderweg, dessen Beschilderung ansonsten sehr spärlich ist. Ein weißer Pfeil und die drei großen weißen Buchstaben HNF, die an diverse Bäume gepinselt wurden, weisen in die richtige Richtung. Als Orientierung dient auch, dass sich der Weg größtenteils an den Häusern vorbeischlängelt, die den Wald linker Hand begrenzen. Nach etwa 30 Minuten Gehzeit biegt der immer noch mit HNF gekennzeichnete Weg nach rechts ab. Gleichzeitig sieht man an einem Baum den ersten Wegweiser zum Kiekeberg (ein gelber Pfeil mit der Aufschrift Ki). Dieser Ausschilderung folgt man, bis weitere Schilder den Weg Richtung Kiekeberg und Wildpark weisen.

Im **Wildpark Schwarze Berge** können die Besucherinnen und Besucher so ziemlich alle heimischen Wildtiere in natürlicher Umgebung und zum Teil aus nächster Nähe erleben. Braunbären, Wölfe, Elche, Hirsche, Rehe, Wildschweine, Waschbären, Dachse, Füchse und Marderhunde – sie alle und viele andere sind hier zu Hause. Ebenso eine Vielzahl unterschiedlichster Haustierrassen, wie Heidschnucken, Bentheimer Landschafe und schottische Hochlandrinder. Aus der Vogelwelt sind unter anderem Eulen, Raben und Störche zu sehen. Nicht nur bei Kindern besonders beliebt sind die freilaufenden Hängebauchschweine und das **Streichelgehege**.

Die gesamte Anlage ist mit übersichtlichen Wegweisern und informativen Erläuterungstafeln aus-

Wildpark Schwarze Berge
Hier kann man nahezu alle heimischen Wildtiere in natürlicher Umgebung bestaunen

Am Wildpark 1
21224 Rosengarten-Vahrendorf
www.wildpark-schwarze-berge.de

Ob Pfau oder Reh: Im Wildpark Schwarze Berge gibt es viel zu gucken

gestattet. Außerdem bietet der **Elbblickturm** einen guten Überblick über das Gelände des Wildparks. Bei schönem Wetter kann man von hier aus sogar bis zur Elbe und auf die Hamburger Skyline sehen.

Gleich neben dem Elbblickturm steht eine Köhlerhütte, an deren ständig brennendem Feuer die Gäste ihre Würstchen selbst grillen können. Wer keine eigenen Würstchen dabei hat, kann am nahen Kiosk welche kaufen. Ein großer, aufwendig gestalteter Spielplatz sorgt zudem dafür, dass der Wild- fast schon zu einem Vergnügungspark wird.

Nur ein Katzensprung ist es vom Wildpark zum **Freilichtmuseum am Kiekeberg**. Direkt dorthin kommt man auch mit dem Bus 340 vom S-Bahnhof Harburg oder Neuwiedenthal aus, die Haltestelle ist das Freilichtmuseum am Kiekeberg.

Der Kiekeberg, an dessen Fuße das Museum liegt, ist 127 Meter hoch und damit für Hamburger Verhältnisse tatsächlich ein Berg. Allerdings liegt er bereits in der niedersächsischen Gemeinde Rosengarten-Ehestorf. Das Freilichtmuseum ist berühmt für seine Besucherfreundlichkeit. Die Lebendigkeit, mit der das frühere Leben der Bauern und Handwerker dargestellt wird, hebt dieses Erlebnismuseum von vielen anderen ab.

Das Museum, das die Bau-, Sozial- und Kulturgeschichte des Landkreises Harburg so lebendig zeigt, entstand in den 1950er-Jahren als Außenstelle des Harburger Helms-Museums. Ursprünglich nur als Heidehofanlage geplant, wuchs es zu einem kompletten Heidedorf mit Gebäuden aus dem 16. bis 19. Jahrhundert an.

Freilichtmuseum am Kiekeberg
Lebendige Darstellung des Landlebens von 1600 bis in die 1950er-Jahre

Am Kiekeberg 1
21224 Rosengarten-Ehestorf
www.kiekeberg-museum.de

Stoof Mudders Kroog
Ländliche Gerichte nach historischen Rezepten

Auf dem Museumsgelände vom Freilichtmuseum am Kiekeberg
www.stoof-mudders-kroog.de

Als Eingang dient das 1803 erbaute Wagnersche Haus aus Oldershausen. Von dort führt ein Rundweg zunächst zum Ausstellungsgebäude. „Spielwelten“ zeigt als erste Dauerausstellung in Deutschland historisches Spielzeug – mit Schwerpunkt 1950 bis 1980. Erwachsene reisen hier in ihre Kindheit zurück, während Kinder an den zahlreichen interaktiven Stationen die Spiele ihrer Eltern und Großeltern wiederentdecken. Das Agrarium bietet eine spannende Erlebniswelt zu Landwirtschaft und Ernährung gestern und heute. Vorbei am Fischteich geht es in einen Hohlweg, der als ökologischer Lehrpfad gestaltet ist. Zurück am Eingang schlägt man jetzt den Weg nach rechts ein. Er führt durch das Freigelände zum Heidedorf mit über 20 historischen Gebäuden, an denen sich der Wandel der ländlichen Lebensweise ablesen lässt.

(Rad-)Wanderung: 8 km

Start: Neuwiedenthal
S3, S31 alle 10–20 Minuten

Ziel: Museum Kiekeberg
Bus 340 alle 30–60 Minuten

Der ursprünglich 1688 erbaute Honigspeicher vom Riepshof aus Otter wurde 1953 als erster Museumsbau errichtet. Die im Laufe der Jahre hinzugekommenen Bauten stellen in ihrer heutigen Anordnung Gehöfte und Dörfer dar, wie sie früher für diese Gegend charakteristisch waren. Um das einst 1797 in Kakensdorf erbaute Meybohmsche Haus, ein typisches Beispiel eines Niederdeutschen Fachhallenhauses, eines sprichwörtlichen „Niedersachsenhauses“, gruppieren sich Speicher, Scheunen, Schafstall, Backhaus, Ziehbrunnen, der „Immenzaun“ mit aus Stroh geflochtenen Bienenkörben und der Wagenschauer – eine Frühform des Carport. Auf den Freiflächen wird Landwirtschaft mit historischen Geräten betrieben, angebaut werden alte Getreidesorten und Nutzpflanzen. An den Wochenenden gibt es auch Handwerksvorführungen.

Galloways statt Panzer

17

Höltigbaum

Einst war der „Höltigbaum“ ein streng gesichertes militärisches Sperrgebiet. Heute bietet das Gelände Ausflüglern und Naturfreunden einen faszinierenden Einblick in das Entstehen eines Naturschutzgebiets, das nun seit über zwanzig Jahren besteht. Und sogar Hobbyarchäologinnen und -archäologen können hier auf reiche Funde hoffen.

Bevor man in die urwüchsige Landschaft des gemeinsamen Naturschutzgebiets der Länder Hamburg und Schleswig-Holstein gelangt, führt der Weg durch die zur Fußgängerzone umgewandelte Schweriner Straße. In die viel befahrene Rahlstedter Straße links eingebogen, erblickt man schon bald die Martinskirche, einen modernen weißen Bau.

Der Beschilderung Richtung Trittau folgend biegt man von der Sieker Landstraße nach einem kurzen Stück links in den Pahlblöckensredder ab. Er geht in einen Grüngürtel über und biegt nach rechts in ein Gebiet mit Neubauten ab. Von dort geht es weiter über die Straße Bei den Boltwiesen, die auf die Hauptstraße Höltigbaum trifft. Man unterquert diese und gelangt nun weiter geradeaus auf eine Straße mit dem Namen Neuer Höltigbaum. Zur Linken passiert man eine Sportanlage und ein Parkplatzgelände.

Direkt hinter den Parkplätzen geht es links bis zur nächsten Kreuzung, wo sich das **Haus der Wilden Weiden** befindet. Der Besuch der Ausstellung hilft beim Verständnis der ökologischen Zusammenhänge des „Naturschutzgebiets Höltigbaum/Stellmoorer Tunneltal“, in das man sich anschließend hineinbegibt.

An das 560 Hektar große Höltigbaum-Areal schließen sich zwei weitere Naturschutzgebiete an: im Westen, auf Hamburger Seite, das **Stellmoorer Tunneltal** und im Norden das schleswig-holsteinische **Ahrensburger Tunneltal**. Damit ergibt sich ein zusammenhängendes Gebiet mit einem abwechslungsreichem Landschaftsbild.

Geprägt wurde dieses Bild von mehreren Eiszeiten. Die letzte Eiszeit war noch nicht vorüber, als sich die ersten Menschen am Höltigbaum ansiedelten. In der folgenden Epoche fanden sie in der baumlosen, steppenartigen Landschaft als Rentierjäger ein ideales Revier. Diese Rentierjäger waren die ersten Menschen, die mit Pfeil und Bogen jagten – und damit die „Ahrensburger Kultur“ begründeten.

Haus der Wilden Weiden
Umfangreiches Programm an Führungen, Wanderungen und praktischen Naturschutzangeboten

Stiftung Natur im Norden
Eichberg 63
22143 Hamburg-Rahlstedt
www.hoeltigbaum.de/haus-der-wilden-weiden

Nachwuchs bei den Galloway-Rindern

Einst militärisches Sperrgebiet, heute Natur pur: der Höltigbaum

Archäologisch Interessierte wissen, dass sich dies etwa 8200 v. Chr. abspielte.

Als Entdecker der Ahrensburger Kultur wurde Alfred Rust in Archäologenkreisen weltberühmt. In den 1930er-Jahren förderte Rust hier die ersten Hinterlassenschaften der steinzeitlichen Rentierjäger zutage. Auf seinen Spuren durchstreifen heute wieder zahlreiche Amateurarchäologen das Gelände. Ob aber jedes von ihnen aus dem Boden geklaubte, halbwegs spitz zulaufende Steinchen tatsächlich eine steinzeitliche Pfeilspitze ist, darf man wohl bezweifeln.

Die halboffene Weidelandschaft, die heute für das Naturschutzgebiet charakteristisch ist, ist eine historische Kulturlandschaft, also ein Gebiet, das sich ohne Pflegemaßnahmen wie Beweiden und Mähen wahrscheinlich zu einem geschlossenen Wald zurückentwickeln würde. Deshalb haben die Naturschützer ein Pflege- und Entwicklungskonzept erarbeitet, das für den Erhalt des jetzigen Landschaftsbildes sorgt. Dabei übernehmen eine robuste Heidschnuckenherde und Galloway-Rinder die Landschaftspflege. Indem sie die Gehölze kurz halten, verhindern sie, dass Büsche und Sträucher auf den offenen Grasflächen überhandnehmen und diese zuwachsen. Auf drei beschilderten Rundwanderwegen namens „Gletscherspur“, „Gallo-Way“ und

Führungen durch das Naturschutzgebiet „Stellmoor-Ahrensburger Tunneltal“
Verein Jordsand e. V.

Haus der Natur
Bornkampsweg 35
22926 Ahrensburg/Wulfsdorf
www.jordsand.de

„Entdeckerpfad“ kann man den Tieren ganz nahe kommen und mehr über die Geschichte des Höltigbaums und des Ahrensburger Tunneltals sowie seine archäologische Bedeutung erfahren.

Aber auch kleinere Tiere lassen sich im Höltigbaum gut beobachten. Vor allem Vögel freuen sich über die guten Nahrungsangebote und vielen Verstecke, die sich in der steppenartigen Landschaft finden. Zum Beispiel der Neuntöter: Aufrecht auf Büschen sitzend ist der hübsche Vogel von Mai bis November gut zu erkennen.

Die meisten Wege durch die Landschaft des Höltigbaums sind mit dem Rad gut zu befahren, schließlich handelt es sich teilweise um ehemalige Betonpisten für Panzer. Das militärische Erbe des Höltigbaums kann und will das heutige Naturschutzgebiet nicht verleugnen. Panzerspuren, Gefechtshügel und Schanzflächen zeugen von der jüngsten Vergangenheit des Areals. Die Wehrmacht hatte 1937 auf dem Gelände einen Übungsplatz eingerichtet, bis 1992 diente der Höltigbaum der Bundeswehr als Standortübungsplatz.

(Rad-)Wanderung: 11 km

Start: Bhf. Rahlstedt
RB 81 alle 30 Minuten

Ziel: U-Bhf. Ahrensburg Ost
U1 alle 10–20 Minuten

Man verlässt das Naturschutzgebiet über den Hagenweg und biegt von dort in den Ahrensfelder Weg ein. Bei den ersten Häusern der Siedlung am Hagen geht dieser über in den Ginsterweg. Nach rechts biegt man in den Weg Brauner Hirsch ein. Von hier zweigt bald darauf links die Hagener Allee ab, die durch den Forst Hagen bis ins Ahrensburger Zentrum führt (► Seite 78).

Im **Forst Hagen** sind noch einige Erdwälle der **Burg Arnesvelde** aus dem 14. Jahrhundert zu sehen. Die Burg selbst, der die Stadt Ahrensburg ihren Namen verdankt, existiert nicht mehr.

In Filzpantoffeln durch Prunksäle

18

Ahrensburg

Es sieht aus wie ein Märchenschloss und darf nur mit Pantoffeln betreten werden: Hamburgs schönstes Schloss liegt nicht in der Hansestadt, sondern in Schleswig-Holstein. Das macht aber nichts, denn mit der Regional- oder U-Bahn ist man trotzdem schnell dort und kann die prunkvollen Gemächer besichtigen.

Vom Bahnhof sind es nur wenige Schritte in den kleinen Stadtkern von Ahrensburg. Dort bietet sich bald ein herrlicher Anblick: Inmitten eines Parks erhebt sich auf einer Insel der strahlend weiße Bau eines **Schlosses**. Das Wahrzeichen der Stadt Ahrensburg gehört zu den am besten erhaltenen Renaissancebauten Schleswig-Holsteins. Seit 1938 ist es als Museum zugänglich und legt Zeugnis ab von der adligen Wohnkultur des 18. Jahrhunderts. Und das, obwohl der Mann, der hier sein Repräsentationsbedürfnis auslebte, so gar kein typischer Adeliger war.

Aber der Reihe nach. Schon um das Jahr 1585 hatte Peter Rantzau, ein Spross des weitverzweigten holsteinischen Uradelsgeschlechts, den befestigten Herrensitz als Mittelpunkt seines ausgedehnten Gutsterritoriums errichten lassen. Die Grundzüge, die Hofanlage und der bauliche Kernbestand sind trotz aller Umgestaltungen bis heute erhalten: eine von breiten Wassergräben und dem aufgestauten Mühlenteich umzogene, rechteckige Insel mit Resten von Befestigungswällen, auf der sich das Schloss auf einem hohen Granitsockel erhebt. Die Rantzaus regierten von ihrem Herrensitz mehrere Generationen lang, bis wirtschaftliche Schwierigkeiten im 18. Jahrhundert zum Niedergang des Gutes führten.

Im Jahre 1759 erwarb Heinrich Carl Schimmelmann den vor dem Konkurs stehenden Besitz. Zu

Restaurant Strehl
Gehobene Regionalküche, berühmt für Wildgerichte und Fischspezialitäten

Reeshoop 50
22926 Ahrensburg
www.restaurantstrehl.de

Auch das Kulturzentrum Marstall am Schloss lohnt einen Besuch

Spaziergang: 4 km

Start und Ziel: Bhf. Ahrensburg
RB 81 alle 30 Minuten
oder
U-Bhf. Ahrensburg West
U1 alle 10–20 Minuten

dieser Zeit war Schimmelmann schon ein schwerreicher Mann, der es vom kleinen mecklenburgischen Kaufmann als Heeresausrüster Friedrichs des Großen, als Steuerpächter, als Spekulant sowie als Schatzmeister des dänischen Königs zu etwas gebracht hatte. Nun war er auf die Idee gekommen, marode Güter zu kaufen, um auf ihnen Gewerbe anzusiedeln und Manufakturen zu betreiben. Das Schloss war sozusagen nur eine Dreingabe. Gleichwohl stattete er seinen Besitz prachtvoll aus. Das war ein Leichtes für ihn, zumal er als Unternehmer bald in einen lukrativen Dreieckshandel einstieg: Von Europa brachte er mit eigenen Schiffen Gewehre und Tand nach Afrika, von Afrika Sklaven nach Amerika, mit Rohrzucker kehrten seine Schiffe aus der Karibik zurück. Schnell war Schimmelmann einer der größten Sklavenhändler der Westindischen Inseln. Diese Vorabinformation lässt die Besucherinnen und Besucher des Schlosses die Pracht vielleicht mit etwas kritischeren Augen betrachten, wenn sie mit dicken Filzpantoffeln die Säle durchstreifen. Natürlich dient das besondere Schuhwerk der Schonung des Schmuckparketts. Es ist mit Ahorn auf Nussbaum, mit Eiche sowie Kirschbaumholz ausgelegt, stammt aus dem Jahre 1855 und ist somit schon nicht mehr mit Sklavenblut getränkt.

Von der Gartenanlage blieb fast nichts erhalten. Die heutige gärtnerische Gestaltung geht auf eine Anlage im englischen Stil von 1870 zurück. Beim Rundgang ergeben sich schöne Ausblicke über den **Mühlteich,** auf die aus dem 17. Jahrhundert stammende Schlossmühle und den Marstall aus dem Jahre 1845.

ART

Im Reich der Tiere

19

Duvenstedter Brook

In Hamburg mit dem Fernglas auf die Pirsch gehen, um Kraniche beim Balztanz, Frösche im blauen Balzkleid oder Hirsche bei der Brunft zu beobachten? Kein Problem! Im Duvenstedter Brook bekommt man alle möglichen Wildtiere und Vogelarten zu sehen. Die Feuchtheide ist der perfekte Ort, um die Hektik der Großstadt zu vergessen und in die Welt der Tiere einzutauchen.

Im äußersten Nordosten Hamburgs liegt das mit rund 780 Hektar zweitgrößte Naturschutzgebiet der Stadt. Die Bezeichnung Brook oder Bruch ist eine niederdeutsche Landschaftsbezeichnung für sumpfiges, von Wasser durchzogenes Gehölz und Gelände. 1958 wurde der Duvenstedter Brook unter Naturschutz gestellt. Ende der 1970er-Jahre begann man mit der Wiederherstellung der abwechslungsreichen Landschaft. Denn durch die landwirtschaftliche Nutzung und Abtorfung der Moore war der ursprüngliche Charakter verlorengegangen.

Die Tour startet am U-Bahnhof **Ohlstedt**. Von hier geht es nach links in die Alte Dorfstraße und kurz darauf nach rechts in die Straße Timms Hege. Bald zweigt rechts der Kupferredder ab. Gegenüber der Schule Am Walde führt vom Kupferredder nach links ein Weg in den Wohldorfer Wald hinein. In früheren Jahrhunderten wurde dieser Wald hauptsächlich als Waldweide für Schweine und zum Sammeln von Bau- und Brennholz genutzt.

Auf dem Kleinbahnwanderweg geht es tiefer in den Wald hinein. Wo sich die Waldwege kreuzen, geht man nach Norden weiter. Nun befindet man sich auf dem Bodenerlebnispfad: Tafeln am Wegesrand vermitteln allerlei Wissenswertes über die Bodenbeschaffenheit. Links beim Kriegerdenkmal befindet sich der höchste Punkt des **Wohldorfer Waldes**. Bald ist die Brücke erreicht, die über die Aue führt. Linker Hand liegt der Mühlenteich mit der **Wohldorfer Kornmühle**. Bevor man die Herrenhausallee erreicht, passiert man ein altes Herrenhaus aus dem frühen 18. Jahrhundert, das heute in Privatbesitz ist. Hält man sich auf der Herrenhausallee rechts, zweigt in einer Kurve links ein Weg (Weberstieg) zum Naturschutz-Informationszentrum **Duvenstedter BrookHus** ab. Dort informiert eine Ausstellung über die Tiere und Pflanzen, die im Duvenstedter Brook beheimatet sind.

Auf dem Duvenstedter Triftweg geht es nun nach rechts in den Brook hinein. Bald tauchen am Wegesrand die ersten Beobachtungsstände auf. Tafeln informieren über Dam-, Reh-, Rot- und Schwarzwild.

Das Landschaftsbild des Duvenstedter Brooks wird durch Moore geprägt. Bei deren Trockenlegung in der Vergangenheit entstand Feuchtheide. Diese im nordwestlichen Teil des Brooks gelegenen

Duvenstedter BrookHus
Naturkundliche Ausstellung und Informationsmaterial

Duvenstedter Triftweg 140
22397 Hamburg
www.hamburg.nabu.de/natur-und-landschaft/infohaus-duvenstedter-brook

Gebiete werden im Frühjahr von weißem Wollgras überzogen, während im Sommer die Glockenheide ihre lila Pracht entfaltet.

Die Wiesen des Duvenstedter Brooks werden fast das ganze Jahr über zur Schaubühne. Mitte Februar haben die Kraniche ihren großen Auftritt, wenn sie aus ihren Winterquartieren zurückkehren und mit lauten Trompetenrufen ihre Balztänze vollführen. Von Mai bis Juli sind sie dann mit ihren noch flugunfähigen Jungen auf Nahrungssuche. Erst im Spätherbst ziehen sie sich wieder ins wärmere Spanien zurück.

Von Mitte September bis Anfang Oktober findet auf den Wiesen die Rothirschbrunft statt. Überwiegend in der Dämmerung und nachts kann man, mit etwas Geduld, die beeindruckenden Rangkämpfe von den Beobachtungsständen aus verfolgen.

Die vielen Bäche, Gräben und Teiche im Duvenstedter Brook sind von zahlreichen Frosch- und Molcharten besiedelt. Von Ende April bis Mitte Juni suchen die Amphibien ihre Laichgewässer auf. Die Männchen der Moorfrösche tragen dann ein leuchtend blaues Balzkleid.

Man bleibt auf dem Duvenstedter Triftweg bis zur **Revierförsterei**. Am Forsthaus geht es links und an der nächsten Kreuzung wieder links in den Bül-

Welches Tier erspäht man wohl?

tenkrugsweg. An seiner rechten Seite gibt es mehrere Schauteiche, zur linken Wiesen. Später ändert sich die Landschaft. Die ersten Heideflächen tauchen auf.

Wer mit dem Fahrrad unterwegs ist, muss nun bis zur **Siedlung Bültenkrug** geradeaus weiterfahren und an der Hauptstraße nach links auf dem Wiemerskamper Weg bis zum Infohaus zurückradeln. Fußgänger biegen vorher nach links durch ein Holzdrehkreuz in den schmalen Pfad Am Professormoor ab. Er führt auf den Alten Grenzwall, auf dem man nach links wandert, bis er schließlich in den Duvenstedter Triftweg mündet. Nach rechts eingebogen, gelangt man wieder zum Informationshaus zurück und über den Weberstieg auf bekannter Strecke in die Herrenhausallee, wo sich attraktive Einkehrmöglichkeiten direkt am Mühlenteich bieten.

Fast am Ende der Allee biegt man hinter dem **Mühlenteich** nach links in den kopfsteingepflasterten Mühlenredder ein, der geradeaus durch den Wohldorfer Wald nach Ohlstedt zurückführt. Auf dem letzten Abschnitt der Tour durch den schönen Brook gelangt man auf die Bredenbekstraße, wo kurz vor der 1954 errichteten **Matthias-Claudius-Kirche** links die Straße Timms Hege abbiegt. Nach wenigen Schritten ist die U-Bahn Ohlstedt wieder erreicht.

Gasthaus Zum Bäcker
Deutsche Küche mit regionalen Produkten

Herrenhausallee 9
22397 Hamburg
www.zum-baecker.de

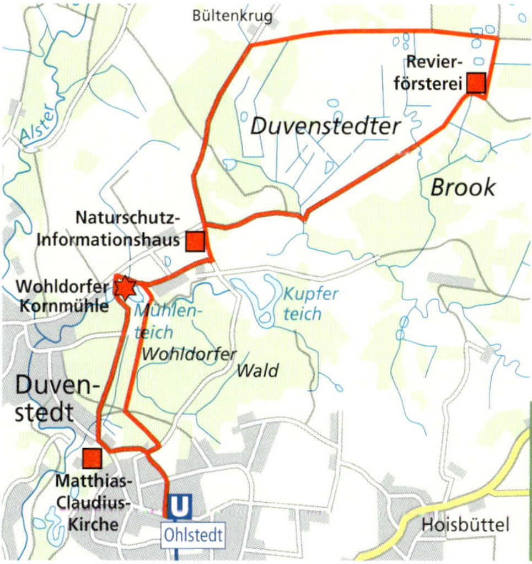

Radtour oder Wanderung: 12 km

Start und Ziel: U-Bhf. Ohlstedt
U1 alle 10–20 Minuten

Radeln auf dem Gleis

20

Stormarnsche Schweiz

Der bestausgebaute Radwanderweg im Hamburger Umland führt von Glinde in das Seengebiet der Stormarnschen Schweiz. Hier kommen Wasserratten und Schwimmbegeisterte auf ihre Kosten. Der Weg dorthin hat seine eigene Besonderheit: Er führt auf einer ehemaligen Bahntrasse entlang.

Von 1907 bis 1952 dampfte die Südstormarnsche Kreisbahn durch die ländliche Region. Als die Kleinbahn wie viele andere aufgegeben wurde, hatten helle Köpfe die Idee, die eingleisige Strecke zu asphaltieren, sodass man heute fast störungsfrei Rad fahren und dabei die schöne Landschaft genießen kann.

Ausgangspunkt des Radwanderwegs ist das Städtchen Glinde, das leider keinen eigenen Bahnanschluss hat. Daher startet die Tour am **U-Bahnhof Steinfurther Allee.** Hier biegt man zunächst nach links in die Steinfurther Allee ein. An der nächsten Kreuzung schon muss man sich entscheiden. Für den landschaftlich schöneren Weg folgt man der Steinfurther Allee geradeaus bis zur Autobahn A1. Hier mündet sie in die Straße An der Glinder Au. Man folgt ihr geradeaus, bis sie durch eine Schrebergartenkolonie führt und in einen schmalen Fußweg übergeht, der schließlich in die Straße Am Eich mündet. Weiter geht es über Ufer-, Brückenstraße und Lägerfeld. Hinter einem Waldstück fährt man nach links in die Domhorster Allee, die zum Radweg entlang der Möllner Landstraße führt. Wer es eiliger hat, wählt gleich den sicheren Radweg entlang der Möllner Landstraße. Dazu biegt man von der Steinfurther Allee an der ersten Kreuzung nach links in den Oststeinbeker Weg ein, überquert auf ihm die A 1 und folgt ihm, bis er in die Kreuzung Glinder Straße/Möllner Landstraße mündet. Man überquert die Möllner Landstraße und radelt auf dem linksseitigen Radweg entlang der Landstraße bis nach **Glinde.**

Dort passiert man das so genannte „Glinder Schloss“, ein um 1880 von einem Hamburger Anwalt erbautes **Gutshaus,** das heute vielfältigen sozialen und kulturellen Zwecken dient. An der nächsten Kreuzung kündigt an der rechten Straßenseite ein weißes Schild den Radwanderweg an (17 km bis Ahrensburg und 23 km bis Trittau). Man fährt in nördlicher Richtung über die Mühlenstraße Richtung A 24. Zur Linken glitzert der Glinder **Mühlenteich.** Auf dem

Schöne Badestellen

Großensee
Freibad Trittauer Str./Seestr., mit Eintritt

Großensee Nordspitze, großer Sandstrand, teilweise von mächtigen Kiefern beschattet, am Ufer relativ flach, Zugang über Strandweg

Weitere kleine „wilde“ Badestellen am Westufer des Großensees, Zugang über die Straße Am Pfefferberg

Lütjensee
Nordspitze, schöner Sandstrand, frei zugänglich über die Straße Seeredder

Mönchteich
Hauptbadestelle an der Trittauer Straße, kleine Badestellen am Südufer

Idyllische Ruhe am Lütjensee

zwei Kilometer langen See-Rundweg laden zahlreiche Bänke zu einer Verschnaufpause ein.

Die Mühlenstraße führt auf die Straße Hinter den Tannen, wo wieder ein Schild auf den Radwanderweg hinweist, der direkt hinter der Autobahnbrücke beginnt. Doch bevor man auf der ehemaligen Bahntrasse losflitzt, lohnt ein kurzer Abstecher zum **Hügelgrab** im Forst „Am Spitzwald". Es ist eines von vier denkmalgeschützten Hügelgräbern in Glinde.

Zurück auf dem Radweg bleibt man nun immer auf der alten Bahntrasse. Der Weg führt jetzt vorbei an Stellau, Langelohe und Papendorf. Kurz hinter Papendorf verlässt man den Radweg, um nach rechts über Wirtschaftswege Richtung **Großensee** zu fahren. Dort angekommen, radelt man in Richtung Osten und biegt dann von der Trittauer Straße links in die Seestraße ein. Am Strandbad vorbei fährt man in den Wald hinein. Auf malerischen Wegen unter mächtigen Fichten und Buchen geht es zum Nordufer und von dort Richtung Mönchteich.

Am Südufer des **Mönchteichs** findet man besonders romantisch gelegene Badestellen. Die Hauptbadestelle liegt allerdings am nordöstlichen Seeufer und damit nicht direkt an der Strecke. Den Großensee zur Linken und den Mönchteich zur Rechten gelangt man auf den Strandweg. Der führt wieder auf die Trittauer Straße und bald zurück zur Bahntrasse.

Hotel-Restaurant Forsthaus Seebergen
Traditionsreiches Ausflugslokal und Luxusrestaurant gleichzeitig. Im Sommer große Terrasse direkt am Wasser, Kinderspielplatz.

Seebergen 9–15
22952 Lütjensee
www.forsthaus-seebergen.de

Jetzt hat einen der Radwanderweg wieder und man folgt ihm durch Lütjensee hindurch in Richtung Glinde. Wer mag, kann noch einen Abstecher zum **Lütjensee** machen, der sich durch sehr sauberes Wasser auszeichnet. Die besten Badestellen findet man am Nordufer des Sees.

Verzichtet man auf einen weiteren Badestopp, geht es auf dem Radweg weiter, bis man zum ehemaligen Bahnhofsgebäude in Hoisdorf gelangt. Man folgt der Beschilderung, die auf das Dorfmuseum hinweist. Ein kurzer Abstecher über die Bahnhofstraße ins Zentrum des schmucken Dorfes lohnt sich. Hier hat das **Stormarnsche Dorfmuseum** in einem Bauernhaus von 1756 Quartier bezogen. Ursprünglich als Dorfschmiede errichtet, präsentiert es heute regionale Arbeits- und Wirtschaftsgeräte und entführt die Gäste in die dörfliche Lebens- und Arbeitswelt früherer Zeiten. Besonderer Anziehungspunkt ist die Hermann-Claudius-Stube. Der Raum ist mit dem Mobiliar von Claudius' Arbeitszimmer aus seinem Haus in Grönwohld ausgestattet und informiert umfangreich über sein dichterisches Schaffen.

Draußen am Museum weisen schon die ersten Hinweisschilder nach **Großhansdorf**. Auf ruhigen, verkehrsarmen Straßen geht der Weg dorthin und endet direkt am U-Bahnhof.

Radtour: 36 km
Start: U-Bhf. Steinfurther Allee
U2 alle 5–10 Minuten
Ziel: U-Bhf. Großhansdorf
U1 alle 10–20 Minuten

Die Riependorfer Mühle ist Hamburgs älteste Windmühle

Quer durch den Garten

21

Vier- und Marschlande

Die Vier- und Marschlande im Südosten Hamburgs präsentieren die ländliche Seite der Millionenmetropole. Denn nicht weit vor den Toren der Stadt befindet sich der bekannte Gemüse- und Blumengarten. Die malerische Landschaft an der Dove-Elbe lässt sich am besten per Rad erkunden.

Ein besonderer Vorteil der Vier- und Marschlande-Idylle ist ihre gute Erreichbarkeit: Vom Bahnhof **Bergedorf** sind es nur ein paar Radminuten und man ist umgeben von Gemüsefeldern und Blumenbeeten, von schmucken alten Bauern- und modernen Gewächshäusern. Über die kleinen Straßen Weidenbaumsweg und Randersweide geht es unter der A 25 hindurch. Wer sich am Schleusendamm links hält, gelangt zum Curslacker Deich. Die Dörfer Curslack, Neuengamme und Altengamme erstrecken sich längs der Deiche und gehen ineinander über. Die gepflegten alten Bauernhäuser – einige von ihnen reetgedeckt – zeugen vom traditionellen Wohlstand der Bewohner.

Die Fruchtbarkeit des Marschbodens und die Nähe zum Markt in Hamburg boten ideale Voraussetzungen für eine profitable Landwirtschaft. Schönstes Beispiel für frühe ländliche Architektur ist das **Rieck Haus** am Curslacker Deich. Es ist ein niederdeutsches Hallenhaus des Vierländer Typs aus dem 16. Jahrhundert und eines der ältesten seiner Art, die in Norddeutschland noch erhalten sind. Heute steht es als **Freilichtmuseum** zur Besichtigung offen. Auch das historische Backhaus und die zur Anlage gehörende Be- und Entwässerungsmühle sind einen Blick wert.

Nach kurzer Fahrt entlang des Radwanderwegs biegt man rechts in den Jean-Dolidier-Weg ein und fährt vorbei an der KZ-Gedenkstätte Neuengamme.

Der Neuengammer Heerweg, auf dem man sich nun befindet, wird zum Kirchwerder Mühlendamm. Ein Wegweiser weist den Weg zum **Biobauernhof Eggers** an der Ohe. Ein Abstecher lohnt sich für den Besuch des Hofcafés. In den Sommermonaten werden die hungrigen Ausflugsgäste mit selbst gebackenen Kuchen und frischen Ernteprodukten verwöhnt. Das idyllische Grundstück besteht aus fünf denkmalgeschützten Gebäuden – darunter ein Kornspeicher von 1535. Der Hof mit dem 77 Hektar großen Anbaugebiet befindet sich seit mehr als

KZ-Gedenkstätte Neuengamme
Von 1938 bis 1945 war es das größte Konzentrationslager Nordwestdeutschlands. Ausstellungen informieren über die Geschichte des Lagers.

Jean-Dolidier-Weg 75
21039 Hamburg
www.kz-gedenkstaette-neuengamme.de

Denkmalgeschützte Gebäude auf dem Biobauernhof Eggers

350 Jahren in Familienbesitz. Seit über zwanzig Jahren wird auf dem ökologisch arbeitenden Betrieb auf den Einsatz von Massentierhaltung, Pestiziden und synthetischen Düngemitteln verzichtet.

Über eine Wiese entlang des Bio-Rundwanderwegs führt der Weg vom Hof aus zu Hamburgs ältester und größter erhaltener Windmühle, der **Riepenburger Mühle** am Kirchwerder Mühlendamm. Die Mühle wurde im Jahre 1318 erstmals erwähnt. Dort kann man im Café einkehren oder Kunsthandwerkerinnen und einer Malerin in ihren offenen Ateliers bei der Arbeit zusehen. Der alte Getreidespeicher der Riepenburger Mühle ist zu einem kreativen Treffpunkt geworden, in dem auch Workshops zu Siebdruck und Textildesign angeboten werden.

Von dort hält man sich südlich an die Ausschilderung in Richtung **Zollenspieker Fährhaus**. Dieser historische Gasthof mit fast 800-jähriger Tradition liegt am südlichsten Punkt Hamburgs. 2012 wurde er durch ein 53-Zimmer-Hotel ergänzt. Auf der Sonnenterrasse, im Biergarten, im Wintergartenrestaurant oder in der Elbuferlounge kann man sich für den Rest der Strecke stärken.

Die Fähre über die Elbe verkehrt seit Jahrhunderten – nachweislich seit 1252 – zwischen Zollenspieker und Hoopte. Wer genügend Zeit eingeplant hat, kann von der Fährverbindung im 10-Minuten-Takt Gebrauch machen und anschließend in kurzer Zeit vom Anleger Hoopte ins nahe **Winsen an der Luhe** radeln. Dort lohnt eine Besichtigung der Altstadt, insbesondere rund um das Winsener Schloss.

Altes Zollenspieker Pegelhäuschen
Das vielleicht kleinste Restaurant der Welt bietet Platz für 2–4 Personen. Unmittelbar über der Elbe bietet es einen exquisiten Blick auf den Fluss. Nur mit Reservierung.

Zollenspieker Hauptdeich 141
21037 Hamburg
www.zollenspieker-faehrhaus.de

Ob nach einem Abstecher nach Hoopte/Winsen oder ohne die Elbe überquert zu haben, geht es vom Zollenspieker über den Kirchwerder Mühlendamm und den Marschbahndamm durch das reizvolle und angenehm zu durchradelnde Naturschutzgebiet Kirchwerder Wiesen nach Fünfhausen. Über Durchdeich und Heinrich-Osterath-Straße, später Ochsenwerder Norderdeich führt der Weg nach Ochsenwerder. Hier gilt es, den Reitdeich nicht zu verpassen, denn er führt durch das **Naturschutzgebiet Die Reit** an die Dove-Elbe. Das über 90 Hektar umfassende Gebiet ist als Brut- und Rastgebiet mitteleuropäischer Sing- und Zugvögel von Bedeutung.

Bei Allermöhe überquert man diesen Seitenarm des Flusses und findet sich unvermittelt in einer anderen Welt wieder: Angesichts der Autobahnauffahrt kann man sich noch einmal freuen über die verkehrsarmen Straßen in den Vier- und Marschlanden, auf denen man heute so entspannt geradelt ist. Über den Mittleren Landweg ist in wenigen Minuten der gleichnamige S-Bahnhof erreicht, von dem aus man mit der S-Bahn nach Hause fährt.

Elbfähre
Zollenspieker – Hoopte (bei Winsen an der Luhe)

www.erlebnis-reederei.de/faehre

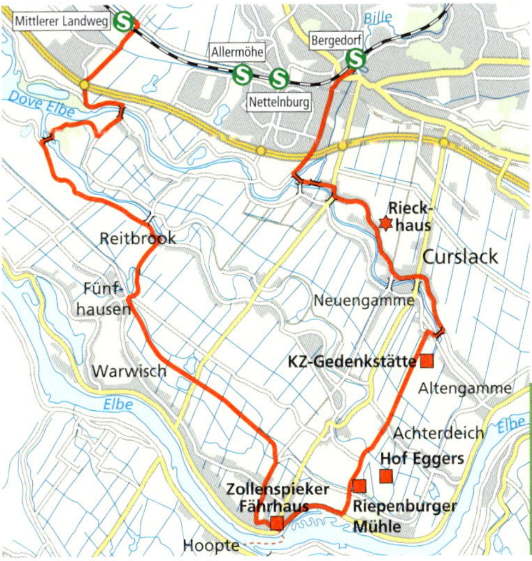

Radtour: 34 km
Start: S-Bhf. Bergedorf
S2, S21, alle 10–20 Minuten
Ziel: S-Bhf. Mittlerer Landweg
S2, S21 alle 10–20 Minuten

Holland kurz vorm Sachsenwald

22

Reinbek

Das Reinbeker Schloss ist eines der bedeutendsten Beispiele niederländischer Renaissancearchitektur und heute ein Ort für Kulturveranstaltungen und Ausstellungen. Auch der Schlosspark, der verschiedene Gartenbaustile miteinander verbindet, ist einen Besuch wert. Wer mag, kann am Ende des Ausflugs zur Erfrischung noch einen Sprung in eine ehemalige Tongrube wagen.

Die Geschichte Reinbeks lässt sich bis in das 13. Jahrhundert zurückverfolgen. Urkundlich erwähnt sind die Orte Schönningstedt, Ohe und Hinschendorf, aus denen die schöne Stadt vor den Toren Hamburgs hervorgegangen ist. Der Name Reinbek geht auf ein Kloster aus jener Zeit zurück.

Zu Recht ist man in Reinbek auf das dortige **Schloss** stolz, hat die Stadt doch die einstige Ruine mit enormem Aufwand restaurieren lassen. Heute erstrahlen der Bau und der Schlosspark im neuen alten Glanz. Zur wechselvollen Geschichte der Anlage – über die sich Interessierte im Schloss ausführlich informieren können – nur so viel: Herzog Adolf I. von Schleswig-Holstein-Gottorf ließ das Bauwerk im 16. Jahrhundert vermutlich als Jagdschloss am Rande des wildreichen Sachsenwalds errichten. Der Baumeister ist bis heute unbekannt, man schließt aber aus der Art der Ausführung, dass es sich um einen Holländer gehandelt haben muss. Im 18. Jahrhundert war das Schloss Sitz der Amtmänner und später des ersten Landrats des Kreises Stormarn. Leider wurde der Bau so vernachlässigt, dass 1773 der Abriss wegen Baufälligkeit drohte. Glücklicherweise konnte dieses Vorhaben abgewendet werden.

Nach der Renovierung dient das Gebäude heute als Kultur- und Veranstaltungszentrum und steht somit erstmals in seiner über 400-jährigen Geschichte

Bringezu – Café und Restaurant
In einem stilvollerem Ambiente als in dem der ehemaligen Schlosskapelle lässt sich kaum speisen. Mit Sommerterrasse am See.

Schlossstraße 5
21465 Reinbek
www.bringezu-schloss.de

Schloss Reinbek ist heute ein stilvolles Kultur- und Veranstaltungszentrum

allen Interessierten offen. Architekturhistorisch eindrucksvoll ist die original erhaltene Roofen-Dachkonstruktion niederländischer Art. Neben dem Schloss ist auch der **Schlosspark** sehenswert. Hier wurden die Reste der verschiedenen ehemaligen Parkanlagen harmonisch miteinander verknüpft, sodass sich durch die Einbeziehung des Mühlenteichs eine wunderschöne Gesamtanlage ergibt.

Eine gewässerkundliche Einmaligkeit ist das **Sachsenwaldbad Tonteich**: Auf dem Gelände des heutigen Bads lag bis Anfang des 19. Jahrhunderts die Ziegeleigrube des Friedrichsruher Tonwerks. 1911 brannten die Gebäude bis auf die Grundmauern nieder. Die Tongrube füllte sich langsam mit Regenwasser und es entstand der Tonteich. Aus dem Regenwasser, das über ein Glimmertonfeld rinnt, entwickelte sich ein stark saures und manganhaltiges Wasser, das eine wohltuende Wirkung auf die Haut hat und deshalb als Heilwasser eingestuft wird. Vom Schloss aus gelangt man am Ufer des Mühlenteichs auf einem malerischen Weg dorthin.

Von Reinbek führen ausgeschilderte Wanderwege in den Sachsenwald, über die man zum Beispiel nach Friedrichsruh (► Seite 98) und Aumühle (► Seite 94) gelangt. Auch ein Spaziergang an der Bille ist sehr zu empfehlen.

Spaziergang: 4 km
Start und Ziel: S-Bhf. Reinbek
S21 alle 10–20 Minuten

Am Rande des Sachsenwaldes

23

Aumühle

Ein Ausflugsziel seit Generationen – so stellt sich die Ortschaft Aumühle am Westrand des Sachsenwalds dar. Lohnenswert ist ein Abstecher in die Villenkolonie Hofriede mit dem weißen Bismarckturm. Eisenbahnfreunde kommen beim Besuch des alten Lokschuppens auf ihre Kosten. Wer sich hauptsächlich die Beine vertreten möchte, kann entlang der Bille nach Reinbek spazieren.

Von Events ist man in Aumühle weit entfernt. Die spektakulärste Freizeitaktivität besteht hier in einer Paddelboottour über den Mühlenteich. Ohnehin ist der idyllische **Mühlenteich**, zu dem hier die Aue aufgestaut ist, ein kleiner Zufluss der Bille, touristischer Mittelpunkt des Orts. Um den Mühlenteich herum findet man mehrere klassische Ausflugslokale, viele existieren schon seit Generationen. Oder man packt einen Picknickkorb und ist mit ein paar Schritten im Sachsenwald.

Der **Sachsenwald** bietet eine Vielzahl von Wander- und Radwanderwegen, von denen die meisten Aumühle als Ausgangs- oder Zielpunkt haben. Was liegt demnach näher, als sich auf einen Spaziergang in diese grüne Lunge Hamburgs aufzumachen?

Aber auch ein Bummel durch den Ort selbst ist erholsam, besonders die historische Villenkolonie Hofriede lohnt einen Besuch. Mittelpunkt der Siedlung ist der wuchtige, 27 Meter hohe **Bismarckturm** am Berliner Platz. Er ist einer der zahlreichen Türme, die Ende des 19. Jahrhunderts in ganz Deutschland zum Gedenken an den Reichskanzler Otto von Bismarck errichtet wurden. 1901 als Wasser- und Aussichtsturm eingeweiht, diente er bis 1927 auch als Bismarckmuseum und bot von der Aussichtsplattform einen Blick über die umliegenden Villen, Aumühle und den Sachsenwald. Heute sind die Gemeindebibliothek und das Gemeindearchiv in dem Turm untergebracht.

Ein Muss für Eisenbahnfreunde ist der Besuch des **Lokschuppens** am östlichen Ortsrand von Aumühle (auf der Nordseite der Bahnstrecke Richtung Friedrichsruh). Schon zu Dampflokzeiten endete ein großer Teil der auf der Berlin-Hamburg-Trasse eingesetzten Nahverkehrszüge in Aumühle. Im Lokschuppen mussten Zuggarnituren abgestellt, die Loks entschlackt und mit neuer Kohle bestückt sowie Wasser gefasst werden. Heute werden hier von den Mitgliedern des Fördervereins in mühevoller Kleinarbeit die teils vielfach umgebauten, teils in

Hotel-Restaurant Waldesruh am See
Historisches Gasthaus mit offenem Kamin und Seeterrasse, Wild, Fisch, aber auch vegetarische und vegane Gerichte im Angebot

Am Mühlenteich 2
21521 Aumühle
www.waldesruh-am-see.de

Der Bismarckturm ist Mittelpunkt der historischen Villenkolonie Hofriede

ihrer Substanz stark angegriffenen Fahrzeuge restauriert und ausgestellt. Auf drei Zufahrtsgleisen steht eine umfangreiche Sammlung von Feldbahnen, einer Art Schmalspurbahn mit Einsatz im Ackerbau, in Ziegeleien, Steinbrüchen und Torfwerken, sowie eine Sammlung von Schienenfahrzeugen des Nahverkehrs. Gezeigt werden Fahrzeuge, die in Norddeutschland stark vertreten waren, mit Schwerpunkt auf der Zeit von 1870 bis in die 1950er-Jahre, als die Bahnfahrt die vorherrschende Mobilitätsform war.

Man kann mit den restaurierten Zügen auch fahren, aber leider nicht in Aumühle selbst, sondern in den Sommermonaten an der Ostsee zwischen Schönberg und Schönberger Strand. Nur Draisinen- und Feldbahnfahrten sind an bestimmten Aktionstagen auch in Aumühle möglich.

Wer sich noch nicht genug die Beine vertreten hat, kann zu einer kleinen Wanderung nach Reinbek (► Seite 90) aufbrechen. Dorthin gelangt man entweder durch den schönen Sachsenwald oder in südwestlicher Richtung immer an der Bille entlang.

Spaziergang: 3 km

Start und Ziel: S-Bhf. Aumühle

S21 alle 10–20 Minuten

Schmetterlinge und ein Besuch bei Bismarck

24

Friedrichsruh

Der kleine Ort Friedrichsruh ist Mittelpunkt des Sachsenwaldes – und Zentrum der Bismarckverehrung. Doch vor knapp 40 Jahren bekam der Besuchermagnet „Eiserner Kanzler“ Konkurrenz – und zwar von Schmetterlingen.

Die Tour startet am Rande des Sachsenwalds in Aumühle. Von der S-Bahn-Station kommend quert man die Alte Schulstraße und geht geradeaus in die Straße am Mühlenteich. Von dort folgt man dem Weg rechter Hand durch den Wald, der zu einer Attraktion ganz besonderer Art führt: dem **Garten der Schmetterlinge**.

Die großzügige Anlage auf dem Gelände der Fürstlich von Bismarckschen Gärtnerei besteht aus einem 450 Quadratmeter großen gläsernen Tropenhaus mit über Tausend tropischen Schmetterlingen, einem Duftgarten mit 80 stark duftenden Pflanzen, einem Insektenhotel, einem „Singenden Wassergarten", in dem Wasser durch Bambusrohre plätschert und so diverse Töne erzeugt, sowie einer Traumlandschaft mit künstlichen Seen, Gärten und heimischen Tieren.

Im Tropenhaus mit seiner wohligen Temperatur von 26 Grad Celsius und einer Luftfeuchtigkeit von 80 Prozent kann man nicht nur faszinierende Schmetterlinge beobachten, sondern man taucht ein in eine exotische Pflanzenwelt aus Kakaobäumen, Bananenstauden und anderen tropischen Gewächsen. Sie sorgen dafür, dass die 40 verschiedenen Falterarten in ihrer natürlichen Umgebung leben können. Die Puppen entwickeln sich in eigens dafür geschaffenen Brutkästen. In den Morgenstunden beginnen die Falter zu schlüpfen. In weiteren Vitrinen befinden sich Eier und Raupen. Somit sind alle Stadien der Metamorphose zu beobachten. Zu empfehlen ist ein Besuch am Vormittag, wenn die faszinierenden Tiere am aktivsten sind.

Hinter dem Parkplatz des Gartens der Schmetterlinge hält man sich rechts und anschließend geht es auf dem Schlossweg parallel zu den Bahngleisen weiter bis zum Bahnhof Friedrichsruh.

Der Ort Friedrichsruh besteht nur aus wenigen Häusern. Hier lebte der Reichskanzler Fürst Otto von Bismarck (geb. 1815) von 1871 bis zu seinem Tod im Jahre 1898. Mitten im Sachsenwald, den der Kanzler aus Dankbarkeit vom Kaiser geschenkt bekommen hatte, lag einst das Gasthaus Frascati, das Bismarck 1894 erwarb. Er ließ es zu einem Schloss ausbauen und bewohnte es bis zu seinem Tod. Ende des Zweiten Weltkrieges zerstört, wurde es durch einen schlichten Neubau ersetzt, in dem die Nach-

Café Vanessa

Im Garten der Schmetterlinge. Besonders idyllisch sitzt man im Singenden Wassergarten.

Am Schloßteich 8
21521 Aumühle
www.gartenderschmetterlinge.de

Im Bismarck-Museum befindet sich auch das Originalarbeitszimmer des ehemaligen Reichskanzlers

fahren Bismarcks bis heute leben. Original erhalten blieb der alte Marstall.

In einem Fachwerkhaus gegenüber vom alten Marstall, dem Alten Landhaus, befindet sich heute das **Bismarck-Museum**. In neun Räumen ist eine ansprechend gestaltete Erinnerungsstätte geschaffen worden. Die Sammlung umfasst neben Dokumenten, Briefen, Handschriften, Orden und Geschenken aus aller Welt auch zahlreiche Ehrenbürgerbriefe. Ein Höhepunkt der Ausstellung ist das Originalarbeitszimmer des Reichskanzlers, das hier so aufgestellt ist, wie es vorher im alten Schloss stand. Auch die Bismarck-Ausstellung im **Historischen Bahnhof** lohnt einen Besuch. Bismarck hat in Friedrichsruh seine letzte Ruhe gefunden. Das **Bismarck-Mausoleum** befindet sich vom Museum aus direkt rechts hinter der Bahnlinie. In der Gruftkapelle kann man die Sarkophage des Kanzlers und seiner Frau besichtigen.

Auf der anderen Seite der Bahnlinie liegt der Garten der Schmetterlinge, von dem aus der bekannte Weg zurück zur S-Bahn-Station Aumühle führt. Wer möchte, kann noch einen ausgedehnten Spaziergang durch den schönen Sachsenwald machen. Hier gibt es zahlreiche markierte Wanderwege, auf denen man die grüne Lunge Hamburgs erkunden kann.

Otto von Bismarck und seine Zeit
Dauerausstellung im Historischen Bahnhof Friedrichsruh, die das Leben und die Politik des preußisch-deutschen Staatsmannes im Kontext der vielfältigen Entwicklungen im Deutschland des 19. Jahrhunderts nachzeichnet

Am Bahnhof 2
21521 Friedrichsruh
www.bismarck-stiftung.de

Spaziergang: 4 km
Start und Ziel: S-Bhf. Aumühle
S21 alle 10–20 Minuten

1887
Bismarck-Museum

Der Schulsee in Mölln eignet sich hervorragend für eine kleine Bootsfahrt

Ab ins Umland

Mit der Bahn gelangt man schnell und unkompliziert auch etwas weiter raus und kann die Großstadt ganz hinter sich lassen. Dann lockt zum Beispiel die Idylle des Alten Lands oder die Ratzeburger Seenlandschaft. Wer mag, kann sich in Bad Segeberg auf die Spuren Karl Mays begeben oder Till Eulenspiegel im schönen Mölln besuchen.

Ein Besuch bei Till Eulenspiegel

25

Mölln

Mölln, das malerische mittelalterliche Städtchen an der Alten Salzstraße, ist ein Kneippkurort. Weithin bekannt geworden ist Mölln durch einen seiner Einwohner, der noch nicht einmal ein gebürtiger Möllner war: Till Eulenspiegel.

Hier ist der berühmte Narr Till Eulenspiegel gestorben, und zwar im Heilig-Geist-Hospital, einem Armen- und Siechenhaus. Das war vermutlich im Jahre 1350, kurz nachdem Eulenspiegel in die Stadt gekommen war.

Auf den ersten Blick wird die Stadtansicht beherrscht von der romanischen **St.-Nicolai-Kirche** aus dem 13. Jahrhundert mit ihrem quadratischen Turm. Man sollte unbedingt den Innenraum besichtigen. Das Gestühl der Stecknitzfahrer, die ihr Geld mit Salztransporten über die Kanäle der Alten Salzstraße verdienten, ist vollständig erhalten. Der gewaltige siebenarmige Leuchter von 1436 wurde angeblich 1669 von Stecknitzfahrern aus dem Fluss gefischt, vermutlich aber stammt er aus einem geplünderten Kloster. Ganz vorne rechts in der St.-Nicolai-Kirche findet sich ein einzelner Klappstuhl, der die Jahreszahl 1632 trägt. Er war einem besonderen Kirchgänger vorbehalten: dem Henker. Dieser hatte beim Besuch des Gotteshauses zwei Auflagen zu befolgen. Er durfte weder den heiligen Boden der Kirche mit den Füßen berühren, noch durfte er in den Altarraum blicken.

Neben dem Haupteingang der St.-Nicolai-Kirche findet sich ein Stein, der angeblich **Till Eulenspiegels** Grabstein ist. Dieser wurde aber erst Anfang des 16. Jahrhunderts aufgestellt. Das bekannte Denkmal für den um 1300 in Kneitlingen bei Braunschweig geborenen Narren steht vor dem Rathaus an der Mauer des Kirchhügels. Es ist eine bronzene Brunnenfigur, 1950 von dem Möllner Bildhauer Karlheinz Goedtke geschaffen. Auffällig sind der blank geriebene rechte Daumen und Zeigefinger der Figur. Dem Aberglauben nach bringt es Glück, den Daumen der Figur zu berühren. Der echte Eulenspiegel soll seine letzte Ruhestätte vor der Kirche gefunden haben, dort, wo heute eine große Linde steht.

Unterhalb der Kirche liegt der mittelalterliche Stadtkern. Das Historische **Rathaus** am Markt schmückt sich mit einem prächtigen Stufengiebel. Im Jahre 1373 erbaut, ist es das zweitälteste Rathaus

Café Markt
Gemütliches Café im Stadtkern mit leckerem Kuchen und warmen Speisen

Marktstraße 3
23879 Mölln

Schleswig-Holsteins. Heute ist in dem Bau die stadtgeschichtliche Sammlung des Möllner Museums untergebracht. Die Ausstellung zeigt Ausschnitte aus dem Alltag ab 1750, behandelt die mittelalterliche Stecknitzfahrt und das Kanalleben und zeigt wertvolle Kunstschätze Möllns. Gegenüber dem Historischen Rathaus befindet sich das **Eulenspiegel-Museum**. In einem sorgfältig renovierten Fachwerkhaus von 1582 werden Gemälde, Grafiken und Plastiken gezeigt, die Till Eulenspiegels Leben und Wirken illustrieren. Dazu zählen auch Werke des Grafikers A. Paul Weber, der sich immer wieder mit der Figur Till Eulenspiegel beschäftigt hat.

Südöstlich der historischen Altstadt erhebt sich auf dem Klüschenberg ein ehemaliger **Wasserturm** (zurzeit leider nicht begehbar). An dem Turm kommt man vorbei, wenn man sich auf den Weg zum nahe gelegenen **Wildpark** begibt. Den Park besucht man am besten im Rahmen eines Ausflugs in die wunderschöne Natur, von der die Stadt umgeben ist (► Seite 116). Zu empfehlen ist auch ein Ausflug zu den vielen Seen in der Möllner Umgebung. Am Lütauer See befindet sich eine Badestelle am Nordufer auf einer kleinen Halbinsel, nur etwa 3 Kilometer vom Möllner Stadtzentrum entfernt. Hier kann der Tag mit einem Sprung ins kalte Nass ausklingen.

Spaziergang: 3 km
Start und Ziel: Bhf. Mölln
RE 83 alle 60 Minuten

Geschichtstour in der Ruderstadt

26

Ratzeburg

Ratzeburg und Rudern sind untrennbar miteinander verbunden. Zwar ist der legendäre Goldachter, der 1960 olympisches Gold gewann, mittlerweile Geschichte, doch zehrt die Stadt am gleichnamigen See noch immer von dem Ruf als Rudermetropole. Dabei lohnt ein Besuch auch für alle, die mit dem Rudersport nichts am Hut haben.

An Karl Adam, den berühmtesten Rudertrainer aller Zeiten, erinnert ein Denkmal am Lüneburger Damm, der Verbindung zwischen dem Festland und der Insel, auf der sich das historische Ratzeburg befindet. Geht der Blick nach links, sieht man weit über den Ratzeburger See und die Altstadtinsel, auf der sich der Dom majestätisch erhebt. Außerdem liegt zur Linken die Schlosswiese, eine Grünanlage am Ufer des Ratzeburger Sees. Hier, wo sich einst eine Wehranlage befand, ist eine Badestelle angelegt, und die Ausflugsdampfer stechen von hier aus in See.

Die **Altstadt** lag ursprünglich, zur Zeit der Stadtgründung im Jahr 1261, auf zwei Inseln zwischen dem Ratzeburger See und dem Küchensee: der Dom mit Nebengebäuden auf der einen, die eigentliche Stadt auf der anderen. Im Laufe der Zeit wuchsen die Inseln zu einer zusammen. Der **Dom**, an der Nordspitze der Altstadtinsel gelegen, wurde 1154 von Heinrich dem Löwen gestiftet, die ältesten Teile wurden noch vor dem Lübecker Dom errichtet. Beendet wurde der Bau um 1220. Die Kreuzigungsgruppe stammt aus dem 13. Jahrhundert, das Chorgestühl aus dem 14. Jahrhundert. Aus dem Mittelalter sind Grabplatten erhalten und an der Südwand befindet sich in schwarz getöntem Holz die Loge der Herzöge von Sachsen-Lauenburg aus dem Jahre 1637, der sogenannte Lauenburger Chor.

Hinter dem Dom liegt das **Domkloster** von 1250, das noch viel von dem mittelalterlichen Charme ausstrahlt, der sicher einmal die ganze Anlage beseelt hat. Kreuzgang, Kapitelsaal, Refektorium und Dormitorium sind von der Seeseite her zugänglich. Im Klosterinnenhof findet sich ein Kunstwerk jüngeren Datums: die Plastik „Bettler auf Krücken“ von Ernst Barlach.

Westlich des Doms schließt sich der ehemalige Sitz des Bischofs an, darunter das Steintor. Die Aufgabe dieses Backsteinbaus aus dem 12. Jahrhundert war und ist bis heute, den Druck abzufangen, der durch den schweren Domturm an der Flanke der Erhebung, auf der der Dom errichtet wurde, entsteht.

In der benachbarten **Propstei**, dem ehemaligen Herrenhaus von Herzog Adolf Friedrich IV. von Mecklenburg aus dem Jahre 1764, ist heute das **Kreismuseum** untergebracht. Die Rokoko-Ausstattung von 1766 hat sich erhalten.

Fährhaus Athen
Traditionsreiches Ausflugslokal in griechischer Hand mit traumhaftem Blick übers Wasser. Mit großer Sommerterrasse.

Königsdamm 2
23909 Ratzeburg
www.faehrhaus-athen.de

Ernst-Barlach-Museum
Multimediale Ausstellung in dem Haus, in dem der Künstler einige Jahre seiner Kindheit verbrachte

Barlachplatz 3
23905 Ratzeburg
www.ernst-barlach.de

Zwei weitere Sehenswürdigkeiten im Schatten des Doms sollen nicht unerwähnt bleiben: Das ehemalige **Haus Mecklenburg** im Domhof 41, erbaut 1690, ist ein schön restauriertes Fachwerktraufenhaus. Nachdem es im 18. und 19. Jahrhundert als „Official-Haus“ und „Domkaserne“ diente, ist es nun Sitz der Stiftung Mecklenburg und des Zentrums für Niederdeutsch für Holstein. Es ist Ausstellungs- und Veranstaltungsort und beherbergt eine Bibliothek mit plattdeutscher Gegenwartsliteratur.

Im Domhof 5, einem Gebäude aus dem 17. Jahrhundert, hat das **A. Paul Weber-Museum** Quartier bezogen. Der Zeichner (1893–1980) ist mit seinen zeitkritischen Grafiken berühmt geworden.

Nicht mehr im Domareal, sondern im Kern der historischen Stadt, erinnert ein weiteres Museum an einen anderen großen Sohn der Stadt: Ernst Barlach. In Ratzeburg steht das Haus, wo er aufwuchs und prägende Eindrücke erhielt. Das 1840 erbaute Haus am Barlachplatz 3 beherbergt heute das **Barlach-Museum** mit Werken des als Bildhauer berühmt gewordenen vielseitigen Künstlers.

Neben dem Barlach-Museum steht die **St.-Petri-Kirche**, ein Bau aus dem 18. Jahrhundert mit einem ungewöhnlichen Querschiff, der auf einem im 13. Jahrhundert errichteten Vorgängerbau fußt. Weitere steinerne Zeugen der Vergangenheit im alten Stadtkern sind das Kreishaus von 1721, das Alte Rathaus von 1843 und die Alte Wache. Das Neue Rathaus ist in der ehemaligen Gelehrtenschule von 1847 untergebracht.

Das alte Kreishaus am Marktplatz

Neben dem Neuen Rathaus verläuft eine Straße mit dem bemerkenswerten Namen Demolierung. Er geht auf die Dänen zurück, die 1816 die barocke Festungsanlage schleiften, die sich hier befand. Die Dänen sollen auch an der einzigen wirklichen Katastrophe in der langen Geschichte Ratzeburgs schuld gewesen sein. Im Jahre 1693 brannte die Stadt fast ganz nieder, angeblich legten Dänen die Lunte. Jedenfalls ist dadurch in Ratzeburg leider nichts mehr von dem mittelalterlichen Flair erhalten, wie man es in Mölln (► Seite 108) noch verspürt.

An der Südseite der Altstadtinsel verläuft am Ufer des **Küchensees** eine Grünanlage, der man den Titel Kurpark verliehen hat; schließlich ist Ratzeburg anerkannter Luftkurort. Schöner als ein Spaziergang im Kurpark ist eine Umrundung des ganzen Küchensees. Auf hübschen Wegen geht es dabei am Ufer entlang, meist durch Grünanlagen und Gehölze. Zwei Stunden sollte man bei gemütlicher Gangart für die etwa 7,5 Kilometer lange Seeumrundung einplanen.

Anders sieht es bei einer Wanderung um den **Ratzeburger See** aus. Hier bietet sich auch eine Radtour zur Bewältigung der circa 25 Kilometer langen Strecke an. Wer sich mit dem halben Weg begnügen möchte, der kann am Westufer bis zur nördlichen Spitze des Ratzeburger Sees wandern oder radeln und sich von dem Ort Rothenhusen aus mit dem Dampfer zurück nach Ratzeburg schippern lassen.

Ganz Bequeme nehmen von einem der Orte am Seeufer – etwa von Groß Sarau – den Bus der Linie 8710 (Montag bis Freitag alle 60 Minuten, Samstag und Sonntag alle 120 Minuten) und fahren direkt zum Bahnhof Ratzeburg.

Wanderung: 12 km
Start und Ziel: Bhf. Ratzeburg
RE 83 alle 60 Minuten

Wälder, Wiesen, Wisente

27

Ratzeburg – Mölln

Die Ausflugsziele Ratzeburg und Mölln sind jedes für sich einen Besuch wert. Naturfreundinnen und -freunde schwärmen allerdings vor allem von der schönen Umgebung der beiden historischen Städte. Eine ideale Kombination zwischen Stadtbesichtigung und Naturerleben ist eine Tour von Ratzeburg nach Mölln.

Vom Bahnhof Ratzeburg sollte man – auch wenn eine Ratzeburg-Besichtigung nicht auf dem Programm steht – über die Bahnhofsallee zum Lüneburger Damm und zur dortigen Schlosswiese radeln oder wandern.

Der Damm trennt den **Ratzeburger See** vom sehr viel kleineren **Küchensee**, auf dem sich auch die Regattastrecke befindet. Während man auf dem Damm rechts das Karl-Adam-Denkmal und den Küchensee sieht, hat man links einen herrlichen Blick über den Ratzeburger See und auf die **Altstadtinsel** mit dem Dom – und kann zu Hause zumindest sagen, man habe Ratzeburg gesehen.

Wer vor der Wanderung oder Radtour doch noch eine kleine Stadtbesichtigung machen möchte, dem sei vor allem der alte Dom und das Ernst-Barlach-Museum ans Herz gelegt.

Ein schöner Weg beginnt am Westufer des Küchensees, der genau genommen aus dem Großen und dem Kleinen Küchensee besteht. Beide sind nur durch einen weiteren Damm voneinander getrennt. Hier kann man die Ratzeburger Wasserlandschaft genießen. In der Saison entfaltet sich eine ganz eigene Welt des Wassersports. Auf dem Großen Küchensee findet jährlich eine große Ruderregatta statt.

Der Weg führt weiter nach **Farchau**, das am Südufer des Küchensees liegt.

Erlebnisbahn Ratzeburg
Außergewöhnliche Touren durch den Naturpark Lauenburgische Seen mit Handhebeldraisinen auf einer stillgelegten Bahnstrecke oder mit Teambiker-Fahrrädern für 6 Personen

Am Bahnhof im Zug
23909 Schmilau
www.erlebnisbahn-ratzeburg.de

Am ruhigen Küchensee in Ratzeburg geht es entlang Richtung Mölln

An der Liegewiese Farchau kann man schon das erste Bad auf der heutigen Tour nehmen. Von Farchau geht es nun in westlicher Richtung nach **Fredeburg**. Hier stößt man auf ein **Wisentgehege**. Die mächtigen Zotteltiere stehen etwas phlegmatisch herum, sind aber gleichwohl sehr beeindruckend.

Weiter fährt man auf dem Wasserkrüger Weg nach Süden durch den Farchauer Forst. Nach 3 Kilometern muss man sich entscheiden, ob man nach rechts abbiegt und auf der Schmilauer Straße auf direktem Weg nach Mölln hineinwandert oder -radelt. Oder ob man die Straße überquert und sich weiter Richtung Süden hält. Das sollte tun, wer vor dem Besuch der Stadt Mölln (► Seite 108) noch ein Bad nehmen möchte.

Denn nach drei Kilometern biegt nach links ein Weg zum **Pinnsee** ab. Dieser kleine, ganz von Wald umgebene See ist eine der lauschigsten Badestellen der Gegend – und das will bei der großen Konkurrenz an Seen und Badestellen schon etwas heißen.

Hoffentlich gut erfrischt geht es vom Pinnsee in westlicher Richtung durch den Wald zur Eulenspiegelstadt **Mölln**. Dabei fährt man ein Stück am Ufer des Schulsees entlang und dann links über die Brücke. Zu verfehlen ist der historische Stadtkern nicht, schließlich weist der prägnante Turm der St.-Nikolai-Kirche den Weg.

Nach so viel Naturerleben lässt sich die Tour mit einer Erkundung der mittelalterliche Stadt gut abschließen.

(Rad-)Wanderung: 16 km
Start: Bhf. Ratzeburg
RE 83 alle 60 Minuten
Ziel: Bhf. Mölln
RE 83 bis alle 60 Minuten

Der andere Blick auf die Elbe

28

Lauenburg

Als Hamburgerin oder Hamburger ist man es gewohnt, die Elbe als mächtigen Strom und wichtige Schifffahrtsstraße der Ozeanriesen wahrzunehmen. Seine malerische Seite zeigt der Fluss einige Kilometer landeinwärts: In Lauenburg hat sich mittelalterliche Idylle in grüner Umgebung erhalten.

Was die historische Schifferstadt für einen Ausflug von Hamburg aus zusätzlich attraktiv macht, ist die Buslinie X80. Mit der gelangt man von der Hansestadt ins Zentrum Lauenburgs. Allerdings zeigt sich die Stadt vom Busfenster aus zunächst nicht von ihrer schönsten Seite. Doch der erste Eindruck trügt. Am Kiosk des ZOB, der Endhaltestelle der Linie X80, gibt es einen kostenlosen Übersichtsplan, mit dem man sich auf den Weg zu den idyllischen Orten Lauenburgs machen kann. Und die beginnen schon unmittelbar hinter dem Busbahnhof. Dort nämlich führt der Weg über die Friedrichsbrücke zum Lauenburger Schloss und zum Fürstengarten.

Das **Schloss** erhebt sich an der Kante des Hochufers der Elbe, dort, wo schon vor über 800 Jahren die Askanierherzöge eine fast uneinnehmbare Burg angelegt hatten. Fast uneinnehmbar, denn im Lauf der Jahrhunderte und der bewegten Geschichte Lauenburgs wurde die Burg doch mehrmals erobert und zerstört. Nur der wuchtige Schlossturm, der gesondert steht, ist tatsächlich noch ein Überrest des alten Burgfrieds der Askanier. Der Fachwerkbau des heutigen sogenannten Schlosses ist eigentlich ein Amtshaus und sehr viel jünger, wenngleich natürlich auch ein historischer Bau. Von der Terrasse unterhalb des Schlosses hat man mit dem so genannten **Askanierblick** eine beeindruckende Sicht über die Elbe bis tief nach unten auf die Dächer der Unterstadt und bis nach Niedersachsen hinein.

In die **Unterstadt**, das historische Lauenburg, gilt es jetzt herabzusteigen. Hohler Weg, Wallweg, Fährtreppe und Graben heißen die Wege zum Abstieg in die Altstadt. Auch ein Abstecher durch den benachbarten **Fürstengarten** bietet sich an, von dort geht es über den Großen Sandberg steil nach unten.

Der historische Schatz Lauenburgs sind die Fachwerkhäuser aus dem 16. und 17. Jahrhundert in der Unterstadt, die auch Schifferstadt genannt wird. Noch heute zeugen die prachtvollen Giebel von der einstigen wirtschaftlichen Bedeutung der schon 1260 erstmals urkundlich erwähnten Stadt. Schließlich war Lauenburg ein bedeutender Ort an der Alten Salzstraße zwischen Lüneburg und Lübeck. Diese Vergangenheit würdigt auch „Der Rufer". Die im Jahre 1959 geschaffene bronzene Symbolfigur Lauenburgs stammt von dem Möllner Bildhauer

Zum alten Schifferhaus
Restaurant im Fachwerkhaus mit großer Terrasse

Elbstraße 114
21481 Lauenburg
www.schifferhaus.de

Die hübsche Elbstraße in Lauenburgs Unterstadt

Karlheinz Goedtke und grüßt von ihrem Platz an der Elbstraße vorbeifahrende Schiffe und Reisende.

Während eines Spaziergangs durch die verwinkelten Gassen der Altstadt können Besucherinnen und Besucher die Atmosphäre vergangener Zeiten schnuppern. Das heißt, man könnte sie schnuppern, wären da nicht die vielen Autos, die sich durch die engen Gassen quälen. So schnuppert man leider allzu oft Abgase. Unter sich sind die Fußgänger nur an der Elbuferpromenade. Allerdings ist hier zu beachten, dass die Promenade im Frühjahr regelmäßig knietief unter Wasser steht.

Zum Thema Elbe kann man bei einem Besuch des **Elbschifffahrtsmuseums** noch mehr erfahren. Die Ausstellung im ehemaligen Rathaus der Stadt, einem Backsteinbau aus dem 15. Jahrhundert, macht die uralte Verbindung von Stadt und Elbe deutlich. Vom Einbaum aus dem Jahre 1000 bis zur modernen Schubeinheit reicht die Darstellung. Der ehemalige Ratskeller wurde zu einem Maschinenkeller umgestaltet, in den eine schmale Eisentreppe wie in einen Schiffsbauch hinabführt. Hier sind alle für die Elbschifffahrt typischen Maschinen voll funktionsfähig erhalten – von der Dampfmaschine bis zum Dieselmotor inklusive Schaufelrad und Schiffspropeller. Auf Anfrage setzen Mitarbeitende die Exponate so-

Vom Fürstengarten blickt man bis nach Hohnstorf

gar in Bewegung. Im ersten Obergeschoss wird eine stadtgeschichtliche Sammlung gezeigt.

Als steinernes Zeugnis von Frömmigkeit, die den Bürgerinnen und Bürgern der Schifferstadt die bewegten Zeiten von Kriegen und Katastrophen zu überstehen half, erhebt sich neben dem Museum die **Maria-Magdalenen-Kirche.** Sie stammt ursprünglich von 1227, ist aber später in ihrem Äußeren erheblich verändert worden.

Zurück zur Elbe: An die Uferpromenade schließt sich am Ende der Altstadt ein Uferweg an, der bis ins zehn Kilometer entfernte Geesthacht führt. Als grünes Ziel für eine kleine Wanderung in Lauenburg bieten sich das Erholungsgebiet Hasenberg und die Buchhorster Berge am nordöstlichen Stadtrand an. Vom Zentrum führt die Bergstraße direkt hinein. Hier findet sich auch die Alte Mühle, die letzte von einst acht Windmühlen. Sie beherbergt heute ein kleines **Mühlenmuseum.**

Will man nicht gerade im anliegenden Hotel übernachten, sollte man den Abend hier nicht allzu lang werden lassen: Der letzte Expressbus X80 zurück nach Hamburg startet wochentags um 21.10 Uhr, samstags und sonntags um 20.10 Uhr. Alternativ fährt man mit dem Regionalexpress bis Lüneburg und steigt dort in den Zug zurück nach Hamburg.

Raddampfer
Nostalgische Fahrten mit dem 1900 gebauten Raddampfer „Kaiser Wilhelm" werden Ende April bis Ende September an jedem 2. Wochenende zwischen Lauenburg und Bleckede angeboten

www.raddampfer-kaiser-wilhelm.de

Spaziergang: 4 km
Start und Ziel: ZOB Lauenburg
Expressbus X80 alle 60 Minuten

Ein Weinberg im Wendland

29

Hitzacker (Elbe)

Die alte Fachwerkstadt Hitzacker ist ein verträumter Kneippkurort mit malerischer Altstadt, viel Grenzerfahrung und schönen Panoramablicken von einem der nördlichsten Weinberge Deutschlands. Wer sich für Geschichte interessiert, kann im Archäologischen Zentrum Spannendes zur Bronzezeit lernen. Sportbegeisterte erkunden im Einbaum den Hitzacker See.

War in den 1980er-Jahren der Ausflug in das Elbstädtchen mit den bunten Haustüren noch mit der legendären Wildsau-Bahn möglich, kann man die ehemalige innerdeutsche Grenzstadt Hitzacker heute per Umstieg in Lüneburg mit dem Zug erreichen. Bereits die Fahrt erlaubt weitschweifende Blicke über grüne Wälder und Täler der schönen Elbtalaue-Wendland-Region.

Vom Bahnhof in Richtung Innenstadt auf der Bahnhofstraße biegt man links in die Dannenberger Straße ab und findet bald schon einen Wegweiser, der zum **Archäologischen Zentrum** leitet. Hier kann man sich auf einen großen Zeitsprung in die Geschichte des Ortes begeben, die bis zu 4 000 Jahre zurückreicht. Anhand einiger Nachbauten, die auf Ausgrabungen aus der Gegend basieren, wird hier interaktiv erfahrbar gemacht, wie das Leben in der Bronzezeit war: Ein kleines Labyrinth, Naturlehrpfade, Werkzeuge, Hämmern wie zur Steinzeit oder Bogenschießen – insbesondere für die jungen Besucherinnen und Besucher gibt es allerhand zu entdecken. Ein ganz besonderes Highlight ist die Fahrt auf einem Einbaum auf dem nahe gelegenen **Hitzacker See**. Die Ruderboote werden stundenweise im Archäologischen Zentrum verliehen. Im Museumsshop kann man kleine Souvenirs und Kochbücher mit Gerichten aus der Bronzezeit und im gemütlichen Museumscafé Kaffee oder Eis am Stiel bekommen.

Nach dem historischen Ausflug geht es, zurück an der Dannenberger Straße, rechts und dann links in den Rieselweg hinein, wo in den Sommermonaten das **Hiddobad** lockt. Das durch eine Biogasanlage beheizte Familienfreibad mit 25-Meter-Bahn und Kinderplanschbecken bietet neben einer langen Rutsche auch viele Spiel- und Sportangebote.

Weiter geht die Stadterkundung nun zum grünen Highlight der Stadt, dem **Weinberg**. Von dort aus hat man bei gutem Wetter einen atemberaubenden Blick über die Altstadtinsel Hitzackers. Dafür biegt man von der Dannenberger Straße, die zur Draweh-

Das gelbe Kreuz als Symbol des Widerstands gegen das Endlager in Gorleben findet findet sich an vielen Häusern

Das beschauliche Hitzacker an der Elbe

nertorstraße wird, links in die Straße Am Weinberg und erreicht über einige Treppenstufen links neben dem Hotel „Hafen Hitzacker" den Aufgang zu den 99 Weinrebstöcken, die der Legende nach einst von den Hitzackerschen Weinzwergen bewirtschaftet wurden. Etwas unterhalb der Weinstöcke befindet sich ein Gedenkstein, der an die 70 Frauenmorde im Zuge der Hexenverbrennung Anfang des 17. Jahrhunderts erinnert. Dem Hang zu Füßen steht sich die „Himmelsrutsche", ein Kunstwerk von Astrid Clasen). Vorbei an den Reben ist der Lohn für den recht steilen Aufstieg auf dem Plateau dann schließlich der faszinierende Blick über die Weiten des Elbestroms, über die Wiesen der Elbtalaue hinweg und hinunter auf die romantische Altstadt Hitzackers. Vom Blick auf die Fachwerkhäuser und die St.-Johanniskirche lässt man sich wieder hinabgleiten und macht vielleicht einen Abstecher in den Westen des Weinbergs zum Hotel-Restaurant „Waldfrieden". Oder man passiert die kleine Fußgängerbrücke über die Jeetzel zur Altstadtinsel und geht direkt in die Stadt zurück.

Inmitten kleiner Gässchen befindet sich der **Marktplatz** mit dem Butt-Brunnen, in dessen Nähe es einige hübsche Cafés gibt. An den vielen bunten Fachwerkhausfassaden lässt sich anhand von Schautafeln mehr über die Geschichte einzelner Häuser und damit auch der Stadtgeschichte erfahren.

Wer sich für Hitzackers Geschichte während der deutsch-deutschen Teilung interessiert, wird im **Alten Zollhaus** unweit vom Marktplatz in der Zollstraße fündig. Mit etwas Vorlaufzeit bei Reservierung

Archäologisches Zentrum Hitzacker
Vielschichtiges interaktives Freilichtmuseum zu Ausgrabungen aus der Bronzezeit. Einbaumfahrt möglich.

Elbuferstraße 2–4
29456 Hitzacker
www.archaeo-centrum.de

können dort auch sogenannte Sofaflöße gebucht werden, um auf der Elbe etwas über Natur und Geschichte dieses Flussabschnitts zu lernen.

In Hitzacker ist auch heute noch viel in Bewegung. Das allgegenwärtige Widerstandssymbol in Form eines gelben Kreuzes erinnert an die Protestbewegung, die sich über Jahrzehnte im Wendland gegen das atomare Endlager in Gorleben stark gemacht hat. Die sonst sehr ruhige Stadt wurde oft bei Großdemonstrationen gegen Castor-Transporte mit Menschen überschwemmt.

Auf der Hauptstraße in Richtung Elbe wandernd erblickt man an der Prinz-Claus-Promenade bald den kleinen Hafen und den kilometerlangen Hochwasserschutzwall, der im Jahr 2008 nötig wurde, um die Stadt vor immer verheerenderen Überflutungen zu bewahren. Hier kann man bei ruhiger Elbe im Sonnenuntergang die Uferwege entlang flanieren und auf dem Rückweg zum Bahnhof vielleicht noch das **Interkulturelle Generationendorf** besuchen. Dieses ökologisch ausgerichtete Wohngebiet für junge Familien, Zugereiste und Geflüchtete, Seniorinnen und Senioren und Menschen, die gleichberechtigt und solidarisch zusammenleben wollen, entsteht nahe des **Kulturbahnhofs Hitzacker**.

Café Albis
Gemütliches Naturkost-Café mit freundlichem Personal nahe dem Marktplatz. Mittagstisch und Kuchen, teilweise auch vegan.

Am Markt 4
Hitzacker (Elbe)
www.cafe-albis.de

Spaziergang: 8 km
Start und Ziel: Bhf. Hitzacker
RB 32 alle 120–180 Minuten

Da kommt Fernweh auf!

30
Wedel

Hier arbeiten die DJs nicht nachts, und sie spielen auch nicht die neuesten Hits, sondern lassen jeden Tag bis zum Sonnenuntergang Nationalhymnen erklingen. Doch bevor man in Willkomm Höft dem Begrüßen und Verabschieden der Schiffe lauscht, kann man erst einmal den historischen Part der westlichen Nachbarstadt Hamburgs besuchen.

Die **Immanuelkirche,** das Pastorat und weitere gepflegte Bauten bilden den Kern des alten Wedel. Zentrum ist der **Roland,** eine etwas ungeschlachte Sandsteinfigur. Der Sage nach war Roland ein Ritter im Dienste Karls des Großen. Er steht als Symbol für verliehene Handels- und Marktrechte. Der Reichsapfel ist ein Zeichen des Marktfriedens und der Marktgerechtigkeit.

Die einstige wirtschaftliche Bedeutung Wedels gründete sich auf den Ochsenmarkt, der – 1212 erstmals urkundlich erwähnt – im 16. und 17. Jahrhundert seine Blüte erlebte. Bei Wedel gab es eine Furt, auf der die Herden durch die Elbe getrieben werden konnten. Tausende von Tieren, die von Jütland heruntergetrieben wurden, wechselten hier im Frühjahr alljährlich den Besitzer. Von Wedel aus gelangten die Tiere weiter nach Mitteldeutschland und nach Holland. Als zu Beginn des 18. Jahrhunderts vermehrt Tiere der Lungenseuche zum Opfer fielen, nahm der rege Handel jedoch schnell ab. Noch heute erinnert daran der stets im April stattfindende Wedeler Ochsenmarkt. Nur reisen die Tiere inzwischen im Hänger an, und es sind auch nicht mehr nur Rinder, sondern immer mehr Pferde. Eines ist aber noch so wie früher: der Verkauf nach alter Tradition per Handschlag. Wer beim Auftrieb dabei sein will, muss früh aufstehen, denn zwischen 5.30 und 6.00 Uhr geht es los. Da sich nicht jeder für den Handel mit Vierbeinern interessiert, wird darüber hinaus im Festzelt auch ein mehrtägiges Programm geboten. Aus dem historischen Ochsenweg ist inzwischen der gleichnamige Radfernweg geworden. Er beginnt in Wedel und endet nach 245 Kilometern im dänischen Viborg.

Das **Stadtmuseum Wedel** folgt den historischen Epochen des Ortes von der ersten urkundlichen Erwähnung im Jahre 1212 bis ins 20. Jahrhundert: Elbschifffahrt, Industrialisierung, Arbeiterbewegung und Nationalsozialismus. Sein Domizil hat das Museum in einem spätklassizistischen Schulhaus von 1829 in der Küsterstraße. Bereits seit 1912 dient das

Restaurant Schulauer Fährhaus
Regionale und mediterrane Küche, Fischspezialitäten. Außerdem Kaffee und Kuchen, Biergarten.

Parnaßstraße 29
22880 Wedel
www.schulauer-faehrhaus.de

Wildromantisch: Blick in die Elbmarsch bei Wedel

Gebäude mit einigen Unterbrechungen als Museum. Ein wahres Kleinod ist das **Reepschlägerhaus** von 1758. Bis 1964 wurden dort Taue für Großsegler hergestellt. Mehr als zehn Jahre war das unter Denkmalschutz stehende Gebäude ungenutzt, bis man es in den 1970er-Jahren aufwendig renovierte. Heute dient es als Teestube und Ort für kulturelle Veranstaltungen.

Ein bekanntes Ausstellungshaus lockt Besucherinnen und Besucher von weit her nach Wedel: das **Ernst-Barlach-Museum** im Geburtshaus des Künstlers (1870–1938). Das Museum zeigt eine repräsentative Sammlung nicht nur des plastischen, sondern auch des grafischen, zeichnerischen und literarischen Schaffens des Künstlers. Eine umfangreiche Fotodokumentation veranschaulicht die verschiedenen Lebensstationen Barlachs, dessen Werke im Nationalsozialismus als „entartet" gebrandmarkt wurden. Das Museum präsentiert zudem wechselnde Sonderausstellungen mit Kunst und Literatur der Gegenwart.

Über die Bahnhofstraße und die Straße Rollberg gelangt man zur Schiffsbegrüßungsanlage **Willkomm Höft** am Schulauer Fährhaus. Seit 1952 werden hier täglich Schiffe, die in den Hamburger Hafen einlaufen oder über die Elbe in die Weltmeere hinausfahren, begrüßt und verabschiedet. Über 150 Nationalhymnen haben die sechs DJs, die sich den Job „Begrüßungskapitän" teilen, abrufbereit. Schiffe, die kleiner als 1 000 Bruttoregistertonnen sind oder den nationalen Küstenbereich nicht verlassen, werden nur mit dem Dippen (Senken) der Flagge der

Gasthaus Fährmannssand
Schäferei und Restaurant, im Winter sollte man die Öffnungszeiten vorher telefonisch erfragen

Fährmannssand 1
22880 Wedel
www.faehrmannssand.de

Hansestadt empfangen. Emotionaler wird es bei der Verabschiedung, wenn das Lied „Auf Wiedersehn, auf Wiedersehn, bleib nicht so lange fort …“ ertönt. Wer das Treiben auf der Elbe vom Restaurant oder der Terrasse des Schulauer Fährhauses beobachtet, der bekommt eine Menge Informationen zu jedem „dicken Pott“ über den Lautsprecher verkündet: zu Herkunft, Länge, Breite, Geschwindigkeit, Bruttoregistertonnen und Reiseziel der Ozeanriesen.

Wer die auslaufenden Schiffe noch ein Stück begleiten will, folgt der Deichstraße Richtung Fährmannssand. Auf der Deichkrone kann man die schöne Aussicht sowohl über die Elbe als auch über die Wedeler Marsch genießen. Links und rechts an der Deichböschung verlaufen ebene asphaltierte Wege, die ideal zum Radfahren sind. Auch Inlineskater haben den Deich zu ihrem Revier erklärt. Wer auf Rädern oder Rollen unterwegs ist, mag sich also aussuchen, welcher Blick besser gefällt: der über das satte Grün der Marsch oder der auf die Ozeanriesen, die auf der Elbe zum Greifen nah vorbeifahren. Am besten auf der einen Seite des Deiches hin und auf der anderen zurück! Lästiges Hindernis allerdings sind die Schafgatter, die in regelmäßigen Abständen zum Bremsen zwingen. Die Schafe selbst lassen sich von den Ausflüglern nicht beeindrucken.

Badebucht Wedel
Sport- und Erlebnisbad mit Sauna und Massage-Angeboten

Am Freibad 1
22880 Wedel
www.badebucht.de

Wanderung: 10 km

Start und Ziel: S-Bhf. Wedel
S1 alle 10–20 Minuten

Die Stadt, das Glück und der König

31

Glückstadt

Der dänische König Christian IV., der sich durch eine Reihe von Stadtgründungen auszeichnete und ohnehin eine beeindruckende Bauwut an den Tag legte, hatte Großes vor mit Glückstadt. Die Stadt sollte sein Tor zur Welt werden und dabei die schon damals bedeutende Handelsmetropole Hamburg überflügeln. Wie man weiß, kam es dazu nicht. Ein Besuch lohnt sich trotzdem!

Ein Fahrradausflug nach Glückstadt lässt sich gut mit einer Tour durch die Haseldorfer Marsch verbinden. Von Wedel geht es immer die Elbe entlang auf dem Deich bis nach Glückstadt. Dabei fährt man über die **Sperrwerke von Pinnau und Krückau.** Aber Achtung! Die Öffnungszeiten sind nicht ganz unproblematisch. Besonders die Rückfahrt mit dem Rad auf dem Deich nach Wedel ist wegen der frühen Schließzeiten der Sperrwerke an Werktagen für einen Ausflug mit Stadtbesichtigung sehr ungünstig. Über die Pinnau führt auch schon in Neuendeich eine Brücke, der Umweg beträgt aber neun Kilometer. Um die Krückau zu überqueren, muss man außerhalb der Sperrwerkszeiten jedoch einen 20 Kilometer langen Umweg bis nach Elmshorn einplanen.

An Wochenenden im Sommerhalbjahr kann man diesen Umweg allerdings erheblich verkürzen und dabei auch noch ein nostalgisches Highlight der besonderen Art genießen: eine Fahrt mit der historischen **Fähre Kronsnest.** Zwischen **Neuendorf** und **Seestermühe** überquert man die Krückau in der kleinsten Fähre Deutschlands. Auch das Fahrrad darf mit auf die einzige handbetriebene Fähre in Schleswig-Holstein.

Dieser Flussübergang war jahrhundertelang das Verbindungsglied zwischen zwei Teilen eines alten Handelsweges. Hier wurden Menschen, Tiere und

Restaurant Aal-Kate
Fischspezialitäten. Mit Außenterrasse und schönem Blick auf die Krückau.

Kuhlworth 21
25436 Neuendeich
www.aal-kate.de

Detlefsen-Museum
(im Palais Brockdorff)
Geschichte des Walfangs und der Heringsfischerei

Am Fleth 43
25348 Glückstadt
www.detlefsen-museum.de

Güter über die Krückau befördert. Im Jahre 1968 lohnte der Fährbetrieb nicht mehr und wurde eingestellt. Doch seit 1993 ist die vermutlich kleinste Personenfähre Deutschlands wieder in Betrieb, um das tideabhängige Flüsschen zu überqueren. Bei Niedrigwasser ist die Krückau nur einen Meter tief. Bei Hochwasser können es bis zu vier Meter sein. Dann hat der Fährmann kräftig zu arbeiten, um der Strömung zu trotzen. In Ruhezeiten wartet er auf der Neuendorfer Seite in einem umgebauten Bauwagen auf Passagiere. Auf die gegenüberliegende Seite wird er mittels einer Glocke oder durch ein freundliches „Hol över" herübergerufen. Diesen Namen erhielt 1993 auch die Fähre.

In der **Glückstädter Altstadt** mit Markt und Hafen kann man sich leicht orientieren und findet die steinernen Zeugnisse der Vergangenheit dicht beieinander. 1617 hatte Christian IV. die Stadt mit ihren zwölf sternförmig vom **Marktplatz** abgehenden Straßen befestigen lassen. Mittelpunkt ist die **Kirche am Markt**. Der Bau von 1618 ist die erste nach der Reformation errichtete Kirche Holsteins und wird auf der schmal und hoch zulaufenden Turmspitze von der Glücksgöttin Fortuna geziert, die eine dänische Königskrone trägt. Die Kirche ist in einem einheitlichen Barockstil gehalten, ganz in Grau, Weiß und Schwarz. Jünger als die Kirche ist das **Rathaus**. Es wurde erst 1872 errichtet, allerdings nach dem Muster des Vorgängerbaus aus dem Jahre 1642. Im Stil erinnert es an die Renaissancebauten Christians IV. in Kopenhagen.

Am Hafen der traditionellen Fischereistadt

In der **Hafenstraße,** die unter Denkmalschutz steht, hat sich etwas von der alten architektonischen Glückstädter Mischung erhalten, die sich durch eine starke dänische Prägung auszeichnet. Hingewiesen sei auf das Haus Nr. 46, das ein königlicher Proviantkommissar im Jahre 1697 bauen ließ. Jetzt beherbergt es eine Galerie. Die Nr. 40 war von Christian IV. eigentlich als königliches Wohnhaus gedacht, dann schenkte er es aber seiner Geliebten Wiebeke Kruse. Zwei weitere Bauten aus Glückstadts großer Zeit lohnen wegen ihrer architektonischen Pracht: das Palais Brockdorff, Am Fleth 43, im Jahr 1631 für den dänischen Statthalter und Schwiegersohn Christians IV. errichtet, und das Palais Wasmer in der Königstraße 36, in dem in früherer Zeit das Obergericht für Holstein untergebracht war.

Von 1893 bis 1976 wurde in Glückstadt die Heringsloggerei betrieben. Von Mai bis Juli fuhren die Segellogger auf die Nordsee hinaus und machten Jagd auf den kleinen Fisch. Das Gebäude der Heringsfischerei am Hafen ist längst einer modernen Jugendherberge gewichen. Aber im Detlefsen-Museum im Palais Brockdorff ist dieses Kapitel des Ortes noch nachvollziehbar. Auch heute wird in Glückstadt der Hering noch zum Matjes und ist eine Delikatesse. Jedes Jahr Anfang Juni beginnen die Glückstädter Matjeswochen mit dem traditionellen Matjes-Anbiss auf dem Marktplatz.

Nicht vom alten Hafen, sondern vom etwas nördlicher gelegenen Anleger startet eine Fähre nach Wischhafen am anderen Elbufer. Was man jedoch schmerzlich vermisst, ist eine Fährverbindung nach Hamburg, die sich eigentlich anböte. Aber vielleicht hat Glückstadt mit der alten Konkurrentin noch immer nicht seinen Frieden gemacht.

Radtour: 38 km
Start: S-Bhf. Wedel
S1 alle 10–20 Minuten
Ziel: Bhf. Glückstadt
RB 61 alle 60 Minuten

Gehölze sammeln

32

Himmelmoor

Von Quickborn aus gelangt man auf einem besonders schönen Weg nach Barmstedt: Durch das Himmelmoor geht es zum Arboretum Ellerhoop-Thiensen, wo man einen Bauern- und Bernsteingarten, Wasserbäume und im August die Lotusblüte bewundern kann. In Barmstedt, der „Waldstadt am Rantzauer See“, kann man den Ausflug mit einer Bootsfahrt ausklingen lassen.

Quickborn – eine typische Schlafstadt für Hamburg-Pendler – verlässt man in Richtung Himmelmoor. Durchs Moor hindurchzufahren ist nicht möglich. Auf der Himmelmoorchaussee erreicht man ein Torfwerk. Von hier führt der asphaltierte Schulweg bis Renzel. Am Torfwerk kann man von Weitem noch die Schienen und Loren der Feldbahn erkennen, die nach wie vor Torf befördert. In Renzel folgt man der Dorfstraße nach rechts und biegt danach links in die Straße Am Hörn ab. An der Wegkreuzung Am Hörn/Krehlohweg geht es rechts in einen Forstweg. Dieser führt durch ein Waldgebiet zum **Arboretum Ellerhoop-Thiensen.**

Unter einem Arboretum versteht man eine Sammlung von lebenden Bäumen und Sträuchern, die meist in parkähnlicher Anordnung stehen und botanischen, forstlichen oder gartenbaulichen Zwecken dienen. Abgesehen davon, dass dieses Arboretum botanisches Wissen vermittelt, dient es auch der Erholung. Auf der 7 Hektar großen Parkanlage sind ein ökologischer Lehrpfad, ein Hochmoorbiotop und ein Heidegarten angelegt. Besonders sehenswert ist der Bauerngarten mit alten Nutz- und Heilpflanzen. Mittendrin liegt der Münsterhof, ein 1664 errichteter reetgedeckter Bau. Weitere Attraktionen sind ein Bernsteingarten, der sich mit der Entstehung und Verwendung des Bernsteins befasst oder die Wasserbäume, die mit ihrem Wurzelkörper ganzjährig unter Wasser stehen und einen „Blick in den Wasserwald des Mississippi“ möglich machen. Besonders sehenswert ist außerdem die Lotusblüte im August. Von der Narzissenblüte im Frühjahr bis zur Dahlienblüte im Herbst gibt es im Arboretum somit immer ein besonderes Highlight zu entdecken.

Vom Arboretum geht es durch die Ortschaft **Ellerhoop** und weiter in östlicher Richtung. Man stößt auf den **Ochsenweg,** einen ausgeschilderten Radwanderweg, der von Wedel bis Flensburg und weiter bis nach Viborg in Dänemark verläuft. Der Name erinnert an die großen Ochsentriften, die vom 14. bis ins 19. Jahrhundert stattfanden. In jedem Frühjahr wurden die Ochsen von Jütland aus auf die Märkte nach Bramstedt, Itzehoe und Wedel getrieben und dort verkauft.

Auf dem Ochsenweg fährt man in nördlicher Richtung und biegt nach etwa sechs Kilometern

Gasthof Zur Linde
Landgasthaus mit traditioneller Küche und Biergarten

Barmstedter Straße 23
25373 Ellerhoop
www.zur-ellerhooper-linde.de

Verwunschener Blick auf die Schlossinsel im Rantzauer See in Barmstedt

vor Hemdingen nach links ab. Nach weiteren vier Kilometern ist **Barmstedt** erreicht, wo man von der Hamburger Straße kommend am Ortseingang in den Mühlenweg einbiegt. Später geht er in die Straße Spitzerfurth über, die zur **Schlossinsel Rantzau** führt.

„Waldstadt am Rantzauer See" – so nennt sich Barmstedt selbst. Sehr passend, denn das Städtchen im Norden des Kreises Pinneberg hat eine herrlich waldreiche Umgebung. Barmstedt liegt am Flüsschen Krückau, das zwischen Wedel und Glückstadt in die Elbe mündet. Die Krückau ist es auch, die zum landschaftlichen Reiz der über 850 Jahre alten Stadt beiträgt. Sowohl die ausgedehnten Laubwälder als auch der im April prächtig blühende **Rhododendronpark** rund um den **Rantzauer See** haben das Städtchen zu einem immer beliebter werdenden Ziel für Erholungssuchende gemacht.

Ein Spaziergang an der Rantzauer Seepromenade oder eine Bootsfahrt auf dem Rantzauer See lassen Kuratmosphäre aufkommen. Die Schlossinsel Rantzau gehört wegen ihrer wechselvollen Geschichte und der eindrucksvollen Gebäude zu den herausragenden Kulturdenkmälern Schleswig-Holsteins. Auf dem ehemaligen Schlossareal des deutschen Reichsgrafen Christian Rantzau steht noch das Herrenhaus aus dem Jahre 1806. Sehenswert sind auch

das Gerichtsschreiberhaus von 1826, die alte Wassermühle und mehrere Bürgerhäuser.

Für das Café im **Schlossgefängnis Rantzau** – lange eine echte Attraktion in Barmstedt – wird zurzeit eine neue Pächterin oder ein neuer Pächter gesucht. Im Gebäude des „Königlichen Amtsgerichtes" befindet sich das Museum der Grafschaft Rantzau. Die umfangreichen Bestände des Museums sind vorwiegend volkskundlich-kulturgeschichtlicher Art. Neben einer kleinen Sammlung vorgeschichtlicher Funde hat die stadtgeschichtliche Abteilung zur Entwicklung des Orts- und Siedlungsbildes sowie zur Geschichte der Kirche und des einst in Barmstedt blühenden Schuhmacherhandwerks besonderes Gewicht.

Am Rantzauer See liegt das **Strandbad**, das je nach Wetterlage öffnet und auch einen ausgewiesenen Nichtschwimmer-Bereich hat. Am Wochenende bietet die Schwimmhalle **Barmstedter Badewonne** mit Wellenbad Spaß und Erholung. Also: Badesachen einpacken!

Barmstedter Badewonne
Schwimmhalle mit Wellenbad

Seestraße 12
25355 Barmstedt
www.barmstedter-badewonne.de

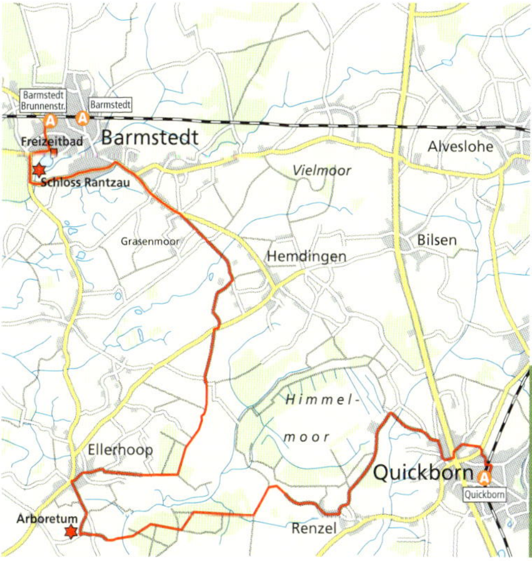

Radtour: 27 km
Start: Bhf. Quickborn
A1 alle 10–40 Minuten
Ziel: Bhf. Barmstedt
A3 bis Elmshorn alle 30–60 Minuten

Weißes Gold

33

Lüneburg

Die malerischen Altstadtgassen in Lüneburg eignen sich hervorragend für einen Stadtbummel. Auch Geschichtsinteressierte kommen hier auf ihre Kosten: mit einer Führung durch das historische Rathaus oder das alte Kloster Lüne oder mit einem Besuch im Deutschen Salzmuseum. Und im Kurpark der traditionsreichen Salz-Stadt lässt es sich wunderbar entspannen.

Wer vor der Altstadt noch das alte **Kloster Lüne** besichtigen möchte, biegt beim Bahnhof in den Lüner Weg ein. Das Kloster zählt heute zu den schönsten und ältesten Architekturdenkmälern der Stadt. 1172 ursprünglich als Nonnenkloster gegründet, wurde es 100 Jahre später in ein Benediktiner-Konvent umgewandelt. Von den damaligen Bauten ist nichts übrig geblieben, denn sie waren aus Holz und brannten mehrfach ab. Um 1400 begann man, die Bauten aus Backstein zu errichten. Die Anlage wurde immer mehr erweitert. Vieles davon kann man heute noch bewundern. Auch die Innenausstattung ist hervorragend erhalten und birgt viele Kostbarkeiten. Seit der Reformationszeit beherbergt das Kloster ein evangelisches Damenstift. Damals fanden hier reiche Adelstöchter Eingang, die im Kloster sehr behaglich lebten.

Ebenfalls im Kloster befindet sich das Textilmuseum, das man unbedingt im Rahmen einer Führung besuchen sollte. Denn die verborgenen Feinheiten und Bedeutungen der textilen Kostbarkeiten erschließen sich den meisten kirchengeschichtlichen Laien kaum von selbst. Zeugnissen der christlichen Vergangenheit begegnen die Besucherinnen und Besucher auch, wenn sie auf einer der beiden vom Bahnhof in die Altstadt führenden Straßen die Ilmenau überqueren. Rechts vom Bahnhof führt die Lünertorstraße zur **St.-Nicolai-Kirche** 1, links vom Bahnhof die Altenbrückertorstraße zur **St.-Johannis-Kirche** 2. Diese fünfschiffige Hallenkirche ist eine der bedeutendsten Bauten der norddeutschen Backsteingotik. Die Kirche bestimmt mit ihrem 108 Meter hohen Turm das Stadtbild und flankiert den Platz **Am Sande** 3 mit seinen Giebelhäusern.

Und noch ein weiterer Turm erhebt sich über die Altstadt: der **Wasserturm** 4, der 1907 auf den Resten der mittelalterlichen Wallanlagen im damals so populären Heimatschutzstil erbaut wurde. Aus 55 Metern Höhe kann man heute einen fantastischen Blick über die Stadt genießen.

Führungen durch das historische Rathaus
Gezeigt werden der Fürstensaal, die Gerichtslaube, das Gewandhaus und die Große Ratsstube

Am Ochsenmarkt 1
21335 Lüneburg
www.lueneburg.info/stadtfuehrung/klassische-rathausführung

Chillen und genießen: der Stintmarkt im Lüneburger Wasserviertel

Ins Gewirr der malerischen Altstadtgassen eingetaucht imponiert besonders die **Schröderstraße** 5 als begehrte Flaniermeile mit vielen kleinen Geschäften, Restaurants und Bars. Sehr schön gestaltet sich auch eine Rast in einem der Restaurants und Cafés unter freiem Himmel am **Stintmarkt** 6 am Ufer der Ilmenau. Der Blick fällt hinüber zu den alten Fachwerkhäusern und dem **Alten Kran** 7, mit dem einst das Salz auf die Kähne verladen wurde, um auf dem Wasserweg nach Lübeck und in den Ostseeraum zu gelangen.

Dem Salz verdankt Lüneburg seinen Reichtum, von dem noch heute die Pracht der alten Bauten zeugt. Das **Rathaus** 8 ist sicher das prächtigste unter ihnen. Seine barocke, figurengeschmückte Schaufassade bestimmt den **Marktplatz** – und lässt vergessen, dass andere Teile dieses Baus, mit dem schon um das Jahr 1230 begonnen wurde, sehr viel älter sind. In der angrenzenden Waagestraße befindet sich das **Schwangere Haus** 9, das durch den stark Feuchtigkeit aufsaugenden Gips ein sichtbares Bäuchlein bekommen hat. Ebenfalls sehenswert ist die nah gelegene **St.-Michaelis-Kirche** 10 am Fuße des **Kalkbergs** 11, deren Säulen im Kircheninneren von den Senkungen ganz schief geworden sind.

Deutsches Salzmuseum
Auf gar nicht museale Weise erfährt man alles rund ums „Weiße Gold“

Sülfmeisterstraße 1
21335 Lüneburg
www.salzmuseum.de

Das Salz, nicht zu Unrecht auch „Weißes Gold“ genannt, wurde in der Saline gewonnen. Über 1 000 Jahre war diese Industrieanlage in Betrieb! Da der Salzstock unter Lüneburg Grundwasserhöhe erreichte, bildete sich salziges Grundwasser, die sogenannte Sole. Sie wurde nach oben gepumpt und in riesigen Siedepfannen erhitzt, so dass das Wasser verdampfte und nur das Salz zurückblieb. Um die Siedepfannen am Kochen zu halten, waren enorme Mengen Brennstoff nötig, daher fielen die riesigen Wälder in der näheren und weiteren Umgebung im Laufe der Jahrhunderte komplett der Saline zum Opfer. Auf den gerodeten und nicht wieder aufgeforsteten Flächen siedelte sich Heidekraut an: Die Lüneburger Heide ist also alles andere als eine natürlich entstandene Landschaft. Über diese interessanten Zusammenhänge informiert die Ausstellung des **Deutschen Salzmuseums** 12 in der alten Saline, einem Technikdenkmal von internationaler Bedeutung.

Im Kurmittelzentrum in der Uelzener Straße macht man sich den therapeutischen Wert der Sole zu Nutze. Zu den Anwendungen kann man auch das riesige Gradierwerk zählen. Die über den hoch aufgeschichteten Reisigwall herabrieselnde Sole reichert die umgebende Luft mit Salzwasserpartikeln an.

Bei schönem Wetter wird man gern noch im **Kurpark**, einer gartenarchitektonisch anspruchsvollen Anlage, verweilen. Urlaubsstimmung kommt auf, wenn man sich dafür entscheidet, hier einem Kurkonzert zu lauschen. Nicht weit vom Park liegt das **Museum Lüneburg** 13. Gezeigt werden in einer modernen interdisziplinären Ausstellung rund 1 300 Exponate zur Geschichte der Stadt und zur Region.

Kunstsammlung Henning J. Claassen
Bedeutende private Sammlung moderner Kunst

Sankt-Ursula-Weg 1
21335 Lüneburg
www.kunstsammlung-henningjclaassen.de

Spaziergang: 5 km
Start und Ziel: Bhf. Lüneburg
RE 3/RB 31 alle 30–60 Minuten

Kunst im Garten

34

Kunststätte Bossard

Durch ein wunderschönes Landschaftsschutzgebiet, an malerischen Reetdachhäusern und an alten Eichen vorbei geht es zur einmaligen Kunststätte Bossard. Das Lebenswerk von Johann Michael und Jutta Bossard ist ein beeindruckendes Ensemble aus Architektur, Gartenbau, Kunsthandwerk und Bildhauerei.

Fernab jeder Kulturmetropole, nämlich inmitten eines malerischen Landschaftsschutzgebietes, ist das wohl bedeutendste Gesamtkunstwerk Norddeutschlands zu besichtigen. Unter Kunstkennern zwar kein Geheimtipp mehr, ist die Kunststätte Bossard für den Normal-Ausflügler doch eine besondere Entdeckung.

Vor allem aber lässt sich die Tour zur Kunststätte Bossard mit einem erholsamen Ausflug verbinden, denn sie ist über gut ausgebaute Radwege zu erreichen. Die Strecke lässt sich auch zu Fuß bewältigen, bis zum Bahnhof Büsenbachtal sind es rund 18 Kilometer.

Ob nun per pedes oder mit dem Rad – man verlässt Buchholz nahe dem Bahnhof über die Lüneburger Straße in östlicher Richtung und ist schon nach wenigen Minuten in der freien Natur.

Die Strecke führt über Reindorf, wo man links in den Reindorfer Weg abbiegt, und weiter über Itzenbüttel nach Jesteburg. Der in einer abwechslungsreichen Fluss- und Wiesenlandschaft gelegene Ort wurde vermutlich schon im 9. Jahrhundert gegründet. In der Ortsmitte sorgen malerische Reetdachhäuser unter alten Eichen für eine anheimelnde Atmosphäre.

Wer nicht gleich zum Kunstgenuss in den Süden des Ortes wandern oder radeln möchte, der sollte

Kunststätte Bossard
Für jede Kunstliebhaberin und jeden Kunstliebhaber ist etwas dabei: Architektur, Bildhauerei, Malerei, Gartengestaltung und Kunsthandwerk bilden ein Gesamtkunstwerk

Bossardweg 95
21266 Jesteburg
www.bossard.de

Gesamtkunstwerk der besonderen Art: Kunststätte Bossard

dem idyllischen **Kleckerwald** an der L 213 (Harburger Straße) Richtung Bendestorf einen Besuch abstatten. Hier befindet sich der **Märchenwanderweg** „Der Trickser". 3,2 Kilometer führt er an 15 interaktiven Stationen vorbei bergauf und bergab durch den Wald, in dem es uralte, verwunschene Fischteiche gibt.

Über den Schierhornerweg und Kamerunweg geht es am Kamerunbach entlang in südlicher Richtung zur **Kunststätte Bossard**. Sie ist in ihrer Art ein einmaliges Gesamtkunstwerk, das Architektur, Bildhauerei, Malerei, Kunsthandwerk und Gartengestaltung zu einer Einheit zusammenführt. 2012 erhielt das Werk – und das Lebenswerk – des Professors für Bildhauerei Johann Michael Bossard (1874–1950) und seiner Frau Jutta (1903–1996) den europäischen Kulturerbe-Preis „Europa Nostra". Über viele Jahrzehnte arbeitete das Ehepaar an der Anlage.

Bedeutendster Bestandteil des Gesamtkunstwerks ist sicher der 1926 errichtete **Kunsttempel**. Für diesen im expressionistischen Backsteinstil gehaltenen Bau wurden drei große Bilderzyklen geschaffen, jeweils einer ist ständig ausgestellt. Das Wohn- und Atelierhaus zeigt sich im Heimatschutzstil. Die von 4500 Fichten eingefasste Gartenanlage präsentiert neben idyllischen Obst-, Gemüse- und Steingärten einen Baumtempel und einen Baumkreis, der in der Form

eines Omegas ausläuft. Abschließend sollte man der Monolithenallee einen Besuch abstatten. Hier haben die Bossards ihre letze Ruhestätte gefunden und sind somit Teil ihres selbst geschaffenen Kunstwerks geworden. Kritisch aufgearbeitet wird in jüngster Zeit, welche Einstellung Johann Michael Bossard zum Nationalsozialismus hatte.

Nach dem Besuch der Kunststätte führt der Weg ins Dörfchen Lüllau. Über den bald erreichten Ort Thelstorf läuft oder radelt man weiter zur **Holmer Mühle,** die direkt an der Seevebrücke liegt. An dieser Stelle soll es bereits im 16. Jahrhundert die erste Wassermühle gegeben haben. Heute findet dort jeden 2. Samstag im Monat ein Mahltag statt. Von hier ist es nicht mehr weit bis zum Bahnhof **Büsenbachtal.** Oder man verlängert die Tour noch um etwa 3,5 Kilometer bis **Handeloh** (▶ Seite 149). Auch von dort kann man mit der Bahn die Rückreise in die große Stadt antreten.

(Rad-)Wanderung: 22 km

Start: Bhf. Buchholz
RE 4/RB 41 alle 30–60 Minuten

Ziel: Bhf. Handeloh
RB 38 bis Buchholz alle 60–120 Minuten

Heide-Romantik pur

35

Wilsede

Die Heide als Postkartenidylle – so präsentiert sich das Ziel dieses Ausflugs. Undeloh, Wilsede und der Wilseder Berg sind Hermann-Löns-Romantik in Reinkultur. Für idyllische Ruhe sorgt zudem die Einschränkung des motorisierten Verkehrs hinter Undeloh und im wildromantischen Ort Wilsede.

Dank des nach Süden ausgedehnten Tarifgebiets des hvv gelangt man bequem mit dem Fahrschein des Großraumtarifs nach Handeloh. Von hier führt ein Streckenabschnitt des Wümme-Radwegs auf gerader Strecke durch schöne Landschaft direkt nach Undeloh, ins Herz des Naturschutzparks Lüneburger Heide. Schon in **Handeloh** kann man sich in der „Alten Schmiede", einem **Naturkundlichen Museum,** mit der Tier- und Pflanzenwelt Norddeutschlands vertraut machen – allerdings nur zu eingeschränkten Öffnungszeiten. Jederzeit zugänglich ist der **Planetenlehrpfad.** Er stellt das Sonnensystem in einem Maßstab von 1:5 Milliarden dar; daraus ergibt sich eine Länge von 1,2 Kilometern. An jeder Planetenstation informiert eine Tafel über den jeweiligen Himmelskörper.

Auch in **Undeloh** finden Naturinteressierte spannende Hinweise. Im **Heide-Erlebniszentrum,** dem Informationshaus des Vereins Naturschutzpark, werden die Zusammenhänge zwischen Natur und Geschichte des Heidegebiets interaktiv und multimedial erlebbar gemacht. Wer sich für Architekturgeschichte interessiert, sollte die **St.-Magdalenen-Kirche** in der Ortsmitte besichtigen. Diese alte Heidekirche gründet sich auf Findlingsmauern aus romanischer Zeit. Der Bau von 1198 besaß einst ein steinernes Chorgewölbe, das aber im Dreißigjährigen Krieg zerstört wurde. 1639 wurde der heutige Chorraum in Fachwerk-Bauweise ergänzt. Der frei stehende Glockenturm stammt aus dem 15. Jahrhundert.

Folgt man dem Wümme-Radweg über die Wilseder Straße in südlicher Richtung aus Undeloh heraus, führt der Weg durch eine reizvolle Heidelandschaft bis nach Wilsede. Wer mit dem Rad unterwegs ist, sollte jedoch darauf gefasst sein, den Drahtesel im Naturschutzgebiet auch einmal schieben zu müssen, da die Wege oft sandig sind. Man kann aber auch von einem der vielen Angebote der Kutscher Gebrauch machen, die hier zahlreich das Personenbeförderungsgewerbe repräsentieren.

Hinter Undeloh sind Autos tabu. Das Fahrverbot gilt auch für den Ort **Wilsede,** der sein altes Ortsbild mit Reetdachhäusern, Feldsteinmauern, Treppenspeichern und den mächtigen alten Bäumen weitgehend erhalten konnte. Zum Gefühl, eine romantische Zeitreise angetreten zu haben, trägt

Hotel Heiderose
Spezialitäten: Heidschnucken- und Forellengerichte

Wilseder Straße 13
21274 Undeloh
www.hotel-heiderose.de

Heidschnucken gelten als sehr genügsam

auch ein Besuch des Heimatmuseums **Dat ole Huus** bei. Hier wird mit der typischen Einrichtung eines Heide-Bauernhofs gezeigt, wie man noch bis zum Anfang des vergangenen Jahrhunderts in den stillen, abgelegenen Heidedörfern lebte und arbeitete.

Die Heide ist eine Vegetationsform, die vorwiegend aus Zwergsträuchern besteht. Sie ist nicht durch nährstoffarme Böden entstanden, sondern infolge von Rodung, starker Beweidung durch Schafherden sowie durch Abtragung der oberen Humusschicht zum Düngen der Ackerflächen. Von der Bronzezeit bis zum 19. Jahrhundert herrschte die Heidelandschaft vor, danach kam es zur Aufforstung mit Kiefern und Fichten sowie zur Ausdehnung der landwirtschaftlichen Gebiete. Die Vegetation setzt sich vornehmlich aus Beständen der Besenheide, der Glockenheide und der Krähenbeere zusammen. Hinzu kommen einige Ginsterarten, Gräser, Flechten und Moose. Häufig gesellen sich den Zwergsträuchern noch Wacholder und Besenginster hinzu, wodurch die Heide allerdings den Charakter der reinen Zwergstrauchheide verliert. Ihre Blütezeit – in der sie besonders schön anzusehen ist – ist von Mitte August bis Ende September.

Bevor man die Radwanderung fortsetzt, lohnt noch ein Abstecher in den südlich von Wilsede gelegenen **Totengrund**, einer Landschaft von unwirklicher Schönheit. Empfehlenswert ist auch der von Wilsede ausgehende **Pastor-Bode-Weg**, benannt nach Pastor Wilhelm Bode, dem es zu verdanken ist, dass die Lüneburger Heide zu Beginn der 1920er-Jahre unter Schutz gestellt wurde. An den

Kutschfahrten
Ganz gemütlich geht es durch die Kulturlandschaft von Undeloh nach Wilsede. (Weitere Kutschfahrten ab diversen Bauernhöfen und Hotels oder vom Parkplatz gibt es an der Wilseder Straße.)

Hotel Heiderose
Wilseder Str. 13
21274 Undeloh
www.hotel-heiderose.de

populären Heidepastor und Naturschützer erinnern manche Namen und Gedenktafeln. Auch der 2012 neu eröffnete Heidschnuckenweg verläuft ein Stück auf dem Pastor-Bode-Weg. 223 Kilometer schlängelt er sich von der Fischbeker Heide bis Celle durch die Lüneburger Heidelandschaft.

Diese Tour führt jedoch von Wilsede weiter zum **Wilseder Berg.** Mit 169 Metern ist er tatsächlich ein Berg, jedenfalls für Norddeutschland. Die Tourismusprospekte preisen ihn als die höchste Erhebung der Norddeutschen Tiefebene. Hat man erst einmal den Drahtesel bis nach oben geschoben, bietet sich ein wirklich fantastischer Rundblick über die sanft gewellte Heidelandschaft. Der Blick soll bei guten Sichtverhältnissen sogar bis nach Lüneburg und Hamburg reichen. Rund um den Wilseder Berg liegen die größten zusammenhängenden Heideflächen Europas. Um ein völliges Verschwinden der Heide zu verhindern, wurde sie schon 1921 unter Schutz gestellt und ist somit das älteste Naturschutzgebiet Deutschlands. Zudem ist es hier auffallend leise, denn im 23 000 Hektar großen Naturschutzgebiet ist jeder Kraftfahrzeug-Verkehr verboten.

Nach dem Abstieg erreicht man über den Radweg bald die wenig befahrene Landstraße L211 nach **Wintermoor.**

Restaurant Wilseder Hof
Die edlere Variante eines rustikalen Gasthofes, Spezialität – was sonst – Heidschnuckengerichte, Sommerterrasse

Wilsede 2c
29646 Bispingen-Wilsede
www.wilsederhof.de

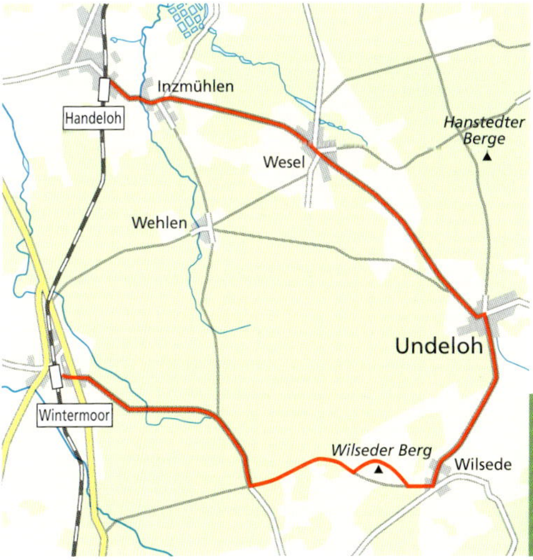

(Rad-)Wanderung: 26 km

Start: Bhf. Handeloh
RB 38 alle 60–120 Minuten

Ziel: Bhf. Wintermoor
RB 38 alle 60–120 Minuten

Durchs Alte Land nach Buxtehude

36

Finkenwerder – Buxtehude

Mit dem Schiff geht es von St. Pauli nach Finkenwerder, um von dort eine Tour durchs wunderschöne Alte Land zu starten. Mit Blick auf weitläufige Obstgärten, die im April und Mai in voller Blüte stehen, radelt oder wandert man ins märchenhafte Buxtehude. Hier kann man durch die engen Gassen der Altstadt schlendern und sich auf die Spuren der rund 1000 Jahre alten Stadtgeschichte begeben.

Exakt 28 Minuten dauert die Fahrt von der Brücke 3 der Landungsbrücken in St. Pauli nach **Finkenwerder**. Längst hat sich die Attraktivität der Fährverbindung Linie 62 mit ihrer über 100-jährigen Tradition als Ausflugslinie herumgesprochen.

Das einstige Fischerdorf, schon 1236 erstmals urkundlich erwähnt, ist heute ein Wohnviertel am Hafenrand. Bis zur Abdeichung der Süderelbe nach der Flutkatastrophe von 1962 war Finkenwerder eine Elbinsel. Vom 17. bis zum 19. Jahrhundert unterhielten die Finkenwerder Fischer eine große Flotte, und bis heute sind viele Finkenwerder Kutter auf der Nord- und Ostsee unterwegs. Ein junges und zugleich grünes Gesicht zeigt Finkenwerder mit dem **Rüschpark**. Der Park ist ein altes Werftgelände, das in den 1970er-Jahren aufgegeben wurde. Reste der Werftanlagen in der Elbuferböschung sind heute Aussichtsplattformen. Wer den Rüschpark über den Rüschweg verlässt, stößt auf den Neßdeich. Im Haus Nr. 6 wurde Hans (eigentlich Johann) Kinau (1880–1916) geboren. Berühmt wurde er vor allem mit seinem 1913 unter dem Pseudonym Gorch Fock erschienenen realistischen Roman „Seefahrt ist not!". Gegenüber dem Gorch-Fock-Haus dehnt sich das Gelände der Airbus-Werke aus – bis ins angrenzende (jetzt ehemalige) Naturschutzgebiet Mühlenberger Loch. Das Gebiet wurde zu großen Teilen zugeschüttet, um dort die Werksanlagen des Flugzeugkonzerns zu erweitern.

Zwischen der ehemaligen Elbinsel Finkenwerder und dem schon zum Alten Land gehörenden Ort Neuenfelde mündete früher die Süderelbe in den Hauptstrom der Elbe. Heute ist sie abgedämmt und endet als toter Arm vor dem Elbdeich. Über diesen Elbdeich verlässt man jetzt Finkenwerder in Richtung **Altes Land**. Rein geografisch ist das Alte Land ein rund 30 Kilometer langer und bis zu sieben Kilometer breiter Marschgürtel. Er erstreckt sich vom Hamburger Stadtgebiet aus am Südufer der Unterelbe entlang bis nach Stade. Das Alte Land wurde

Veranstaltungen im Alten Land

Erstes Mai-Wochenende:
Blütenfest in Jork mit Wahl der Blütenkönigin und Festumzug

Anfang Juli:
Altländer Kirschenwoche, die am 2. Juli-Sonntag mit Kirschmarkt in Jork endet

August bis Oktober:
Altländer Apfeltage mit Tag des offenen Hofes, Veranstaltungen rund um den Apfel allerorts

Beliebte Skulptur: der „Flethenkieker“ aus Bronze

schon im 12. Jahrhundert von holländischen Einwanderern besiedelt, die aus ihrer Heimat die Kunst der Entwässerung und des Deichbaus mitbrachten.

In **Neuenfelde**, einem lang gestreckten Straßendorf, steht die barock ausgestattete **Kirche St. Pankratius**. Sie besitzt eine bemalte hölzerne Tonnendecke, einen Kanzelaltar von 1688, vor allem aber eine herrliche, aus demselben Jahr stammende Orgel des berühmten Orgelbauers Arp Schnitger. Im landeinwärts gelegenen Nincop, einem Ortsteil von Neuenfelde, sind einige besonders gut erhaltene Bauernhäuser zu bewundern.

Der Neuenfelder Hauptdeich führt nach **Cranz**. Kurz vor dem Ort mündet die Este in die Elbe. Statt das Flüsschen zu überqueren radelt man an seinem Ostufer landeinwärts Richtung Buxtehude. Vor dem Este-Sperrweg geht es über den Neuen Fährweg und weiter auf dem Estedeich Groß Hove. Von hier bietet sich ein weiter Blick in die **Obstgärten**. Im April/Mai zur Obstblüte ist es besonders schön: Die märchenhafte Landschaft präsentiert sich wie schneebedeckt.

In Estebrügge geht es nach links in den Esteburgring, der nach einer Rechtskurve zum Querweg wird. Den geht es immer geradeaus, bis man am Kanal Landwettern Rübke rechts in den Moorender Weg einbiegt. Hält man sich an der Moorender Straße links, gelangt man schließlich nach Buxtehude.

Landläufig ist von **Buxtehude** nur bekannt, dass sich dort Hase und Igel einen Wettlauf geliefert haben und dass die Hunde dort mit dem Schwanz bellen. Letzteres geht auf holländische Siedler zurück. Diese versahen die alte Stadtglocke, im Hol-

Restaurant Abthaus
Spitzgiebelfachwerkhaus von 1399. Gehobene Regionalküche, im Sommer Biergarten im Innenhof.

Abtstraße 6
21614 Buxtehude
www.abthaus.de

ländischen „bell", mit einem besonders langen Seil, das sich „hound" nannte. Mittelpunkt der schönen **Altstadt** ist die **St.-Petri-Kirche,** ein schon 1298 begonnener Backsteinbau mit einem hohen, schlanken Mittelschiff. In den engen Gassen um die Kirche herum gibt es prachtvolle alte Giebel, Dielen und Hinterhöfe zu sehen. Das grachtenartige Estefleet, an dem sich eine lange Giebelreihe entlangzieht, lässt an die niederländische Herkunft vieler Kolonisten dieser Gegend denken. Besondere Aufmerksamkeit verdienen in der Altstadt das **Bürgerhaus** in der Langen Straße 25 von 1548 und das **Fachwerkhaus Fischerstraße 3.** Ein weiteres steinernes Zeugnis aus der rund 1 000-jährigen Geschichte der Stadt, die in ihren besten Jahren sogar der Hanse angehörte, findet sich am nördlichen Rand des Stadtkerns, unweit des Estehafens: der **Zwinger,** ein Teil des alten Marschtores von 1539, also ein Rest der ehemaligen Stadtbefestigung. Vergleichsweise jung dagegen ist der Bau des **Buxtehude-Museums für Regionalgeschichte und Kunst.** Entstanden ist er in den Jahren zwischen 1989 und 1992. Mit dem neuen Teil des Buxtehuder Museums verbunden ist das **Alte Heimatmuseum,** dessen schöne Fassade am St.-Petri-Platz bewundert werden kann. Erbaut als Museum wurde dieser prächtige Fachwerkbau bereits 1913.

(Rad-)Wanderung: 26 km

Start: Finkenwerder Fährlinie 62 alle 15–30 Minuten

Ziel: S-Bhf. Buxtehude S3 alle 20–60 Minuten

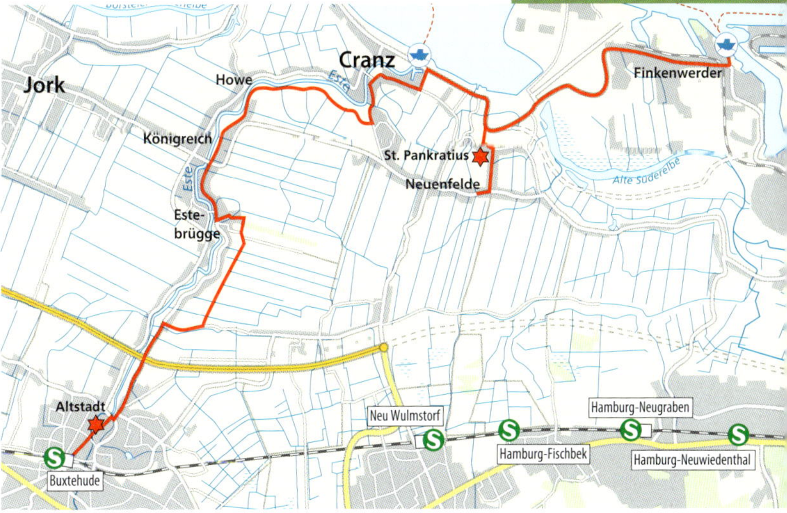

Wo der Boskop blüht

37

Altes Land

Mit dem Rad auf dem Deich, die Elbe zur Rechten, das Alte Land zur Linken – vorbei an prächtigen Bauernhäusern, Leuchttürmen und Windmühlen. Im Frühjahr säumen blühende Apfelbäume den Weg, im Herbst zeigen sie den Vorbeifahrenden ihre rotbackigen Früchte.

Für diese Tour durchs Alte Land startet man in **Cranz**. Dorthin gelangt man direkt mit der Fähre, oder man hat vorher schon von Finkenwerder aus den östlichen Teil der Region erkundet (▶ Seite 152).

In Cranz überquert man die Este und fährt auf dem Deich entlang der Elbe. Rechts gleitet der Blick dabei über den Fluss, zur Linken stehen Obstbäume, so weit das Auge reicht. Mönche der Stader Klöster waren die ersten, die Obstbäume pflanzten und somit das Fundament für das wirtschaftliche Aufblühen legten. Heute gilt das Alte Land als größtes zusammenhängendes Obstanbaugebiet Nordeuropas.

Schon nach einer kurzen Strecke bietet sich ein Abstecher nach **Jork** an, dem Hauptort des Alten Landes. Hier ist in einem der vielen alten Fachwerkhäuser das **Museum Altes Land** untergebracht. Es dokumentiert die Technikgeschichte der Region. Darüber hinaus werden die Bedeutung des Wassers und die Geschichte der Landwirtschaft dargestellt, und die Besucherinnen und Besucher können historische Möbel und Trachten bewundern. In der kleinen Barockkirche von 1709 heiratete übrigens Gotthold Ephraim Lessing.

Bevor man auf den Deich zurückkehrt, bietet sich die Möglichkeit, in der **Galerie-Holländermühle Aurora** in Jork-Borstel einzukehren. Sie stammt aus

Touristikzentrale Altes Land

Osterjork 10
21635 Jork
www.tourismus-altesland.de

Holländermühle Aurora
Die Mühle „Jork"
Restaurant-Café

Am Elbdeich 1
21635 Jork
www.diemuehlejork.de

dem Jahre 1860. Der Mahlbetrieb wurde allerdings 1961 eingestellt.

Zurück auf dem Deich geht es weiter Richtung Stade. Knapp 60 Leuchttürme säumen die Elbe von Hamburg bis zur Nordsee. Von Obstbäumen umgeben, grüßt zwischen Wisch und Lühe einer von ihnen: der rot-weiße, sechseckige Stahlgitter-Leuchtturm **Oberfeuer Somfletherwisch**. Mit seinen 35 Höhenmetern gehört der 1907 erbaute Leuchtturm zu den mittelgroßen.

Kurz vor der Mündung des Flüsschens Lühe biegt man links nach **Steinkirchen** ab und überquert hier die Lühe über die im holländischen Stil erbaute **Hogendiekbrücke**. Anfang des 12. Jahrhunderts schloss der Erzbischof von Bremen mit dem holländischen Priester Henricus einen Vertrag über die Besiedelung der Marschen. In mehreren Generationen machten die holländischen Siedlerinnen und Siedler, die Experten in Sachen Deichbau waren, das Land bewohnbar. Von Stade aus wurde es eingedeicht, entwässert und kultiviert. Abschnitt für Abschnitt entstand so aus dem „alten" Land neues Land. Irgendwann konnte die gesamte Region bewirtschaftet werden, der Name Altes Land blieb jedoch erhalten.

Von Steinkirchen kommt man in den Ort **Grünendeich**. Die **St.-Marien-Kirche** aus dem 17. Jahr-

Schmuckstück aus Buntmauer-Fachwerk

hundert ist die älteste der zehn Fachwerkkirchen der Region. Aufgrund des schweren Marschbodens steht der aus Holz errichtete Turm abgetrennt neben dem Kirchenschiff. Die Lühe entwässert einen großen Teil des Alten Landes, das seit Jahrhunderten von zahllosen Entwässerungsgräben durchzogen ist. Diese Gräben führen zu kleinen Kanälen, den sogenannten „Wettern", die dann in Este, Lühe, Schwinge oder direkt in die Elbe führen. Ein ausgefeiltes System von Schleusen und Sperrwerken ist nötig, um die Entwässerung aufrechtzuerhalten.

Überall zeugen schmucke Bauernhäuser vom gewachsenen Wohlstand der Altländer Obstbäuerinnen und Obstbauern. Heute besteht der weitaus größte Teil der Obstbäume aus Apfelbäumen. Jeder vierte Apfel, der in Deutschland verzehrt wird, stammt aus dem Alten Land.

Zurück auf dem Deich geht es nach Hollern-Twielenfleth. Auch in diesem beschaulichen Ort gibt es eine Windmühle. Ihr Name: „Venti Amica" – Freundin des Windes. Über Bassenfleth erreicht man schließlich **Stade** (▶ Seite 160), um von hier den Zug zurück in die Hansestadt zu nehmen.

Radtour: 32 km
Start: Cranz (Fähre)
Fährlinie HBEL alle 60 Minuten von Blankenese
Ziel: Bhf. Stade
S3 alle 20–60 Minuten
oder RE 5 alle 60 Minuten

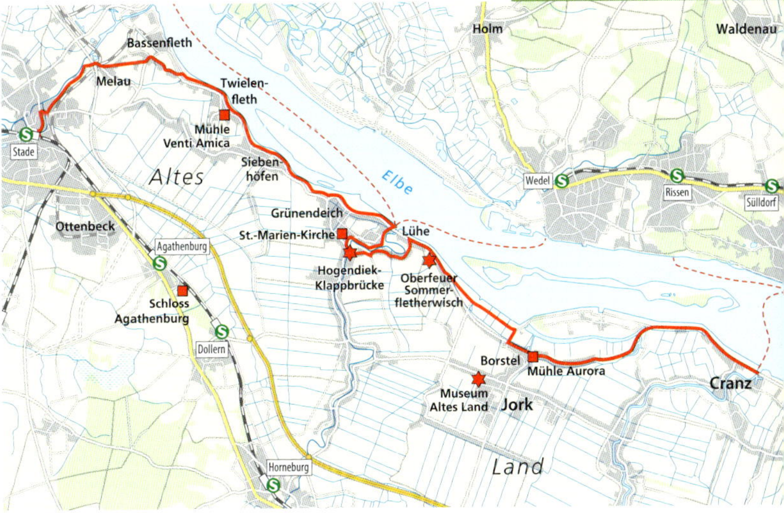

Stade, die alte Hansestadt

38

Stade

Die alte Hafenstadt trägt ihren wiedergewonnenen Hanse-Titel zu Recht. Frühbarocke Fachwerkhäuser säumen die Gassen der Altstadt, die sogar von einem Burggraben umgeben ist. Und für Museumsliebhaber ist die Stadt am Rand des Alten Landes ein wahres Paradies.

Im Jahr 1601 von der Hanse ausgeschlossen, darf sich die Kleinstadt an der Elbe seit 2009 offiziell wieder Hansestadt nennen. Eine Wasserstadt mit zentraler Bedeutung war Stade immer, erst für den Handel, später als strategisches Kriegszentrum der Schweden.

Nach dem Dreißigjährigen Krieg wurde Stade unter schwedischer Herrschaft zur Festung ausgebaut, deren Reste die Altstadt bis heute umringen. Ihre Silhouette wird von fern durch die Türme der Kirchen **St. Wilhadi** und **St. Cosmae** geprägt. Die meisten Gebäude der Altstadt entstanden nach 1659, als ein großer Brand zwei Drittel aller Häuser zerstörte. Besucherinnen und Besucher können hier alte Gassen und idyllische Winkel bestaunen und sich in einem der Museen über die Geschichte der historischen Stadt informieren.

Das **Schwedenspeichermuseum** zeigt Funde der Vor- und Frühgeschichte sowie Zeugnisse der Stadtgeschichte vom Mittelalter bis in die 1870er-Jahre, darunter viele Erinnerungen an die Schwedenzeit. Stade kam 1648 in den Besitz der Schweden, 1719 fiel es an Hannover.

In einem Fachwerkhaus am Wasser befindet sich das private **Baumhaus-Museum,** in dem ein leidenschaftlicher Sammler seine eigene – und etwas eigenartige – ortsgeschichtliche Sammlung vom 18. bis ins 20. Jahrhundert präsentiert. Der Name Baumhaus weist auf die historische Nutzung des Gebäudes hin. Es diente dem Hafenaufseher als Amtsstube. Mit einem großen Baum verschloss oder öffnete er in früheren Zeiten die Zufahrt in den Hansehafen am Fischmarkt. Beim großen Stadtbrand 1659 wurde das ursprüngliche Gebäude zerstört. Das heutige stammt aus dem Jahre 1774.

Und obwohl die Stader Altstadt ohnehin ein einziges Freilichtmuseum ist, gibt es noch das **Freilichtmuseum auf der Insel** im Burggraben. Das Museum mit Gebäuden des 18. Jahrhunderts präsentiert ländliches Kulturgut aus dem Alten Land und der

Apropos
Traditions- und Kulturkneipe, großes Angebot an Burgern und eine gute Auswahl an vegetarischen und veganen Speisen. Sommerterrasse und Livemusik.

Kleine Schmiedestraße 6
21682 Stade
www.apropos-stade.de

In Stade lässt es sich auch gut mit dem Hausboot ankern

Stader Geest: Altländer Haus, Prunkpforte, Göpelwerk und Bockwindmühle.

Ein weiteres Museum der Stadt ist das **Kunsthaus Stade**. Das 1667 errichtete Gebäude ist das höchste Haus in einer Reihe alter Fachwerkbauten. Zunächst diente es als Kaufmanns- und Speicherhaus. Früher wurde dort eine Gemäldesammlung der Worpsweder Gründergeneration gezeigt, heute laufen wechselnde Ausstellungen mit Werken namhafter Künstlerinnen und Künstler.

Stade ist allseits von Wasser umgeben, vom Burggraben und den alten Hafenanlagen. Im historischen Hafen legen heute vor allem Sportschiffer an. Für die größeren Schiffe wurde draußen an der Elbe ein neuer Hafen – Stadersand – gebaut.

Am Rande des Alten Landes (▶ Seite 156) gelegen, bietet sich Stade auch hervorragend als Ausgangspunkt für Wanderungen oder Radtouren an. Besonders bezaubernd ist das Stader Umland in den Monaten April und Mai, wenn die zahlreichen Obstbäume in voller Blüte stehen. Auch ein Ausflug in die bäuerliche Kulturlandschaft des Kehdinger Lands (▶ Seite 164) nördlich von Stade lohnt sich.

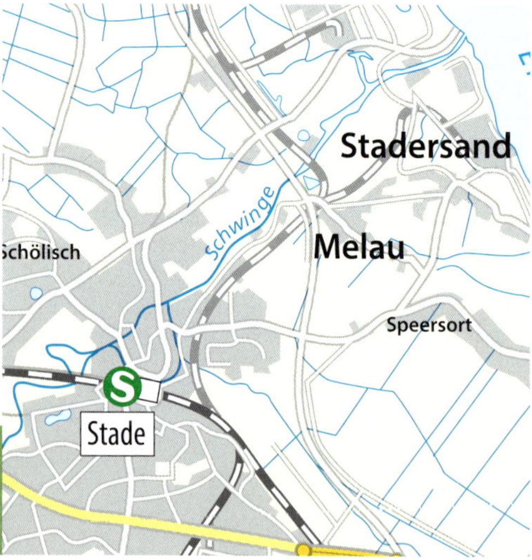

Spaziergang: 3 km

Start und Ziel: Bhf. Stade
S3 alle 20–60 Minuten oder
RE 5 alle 60 Minuten

Am Wasser entlang

39

Kehdinger Land

Das Kehdinger Land, eine alte bäuerliche Kulturlandschaft, eignet sich perfekt für eine Rundtour. Der Weg führt durch das Naturschutzgebiet Asseler Land und an den fürs Kehdinger Land typischen Bauernhäusern vorbei. Wer ein gutes Stück abkürzen möchte, nimmt auf der gegenüberliegenden Seite der Elbe die Fähre von Wischhafen nach Glückstadt.

Die Tour startet in **Stade**, was schon insofern praktisch ist, als einen der Elberadweg direkt am S-Bahnhof abholt. Dieser Abschnitt des populären Radfernweges ist sicher ein besonders schöner, führt er doch die meiste Zeit direkt am Strom entlang. Zunächst jedoch radelt man um die Altstadt Stade herum, die schon für sich einen Besuch lohnt (► Seite 160).

An Bützfleth vorbei geht es auf dem Elberadweg nach **Abbenfleth** mit seiner alten **Elbfestung Grauerort**, die in den Jahren 1869 bis 1879 von den Preußen erbaut wurde. Im Falle eines Kriegs mit Frankreich sollten feindliche Schiffe davon abgehalten werden, bis in den Hamburger Hafen vorzudringen. 1870/71 kam es zwar zum Krieg mit den Franzosen, Grauerort wurde aber nie in Kampfhandlungen verwickelt. Seit 1997 kümmert sich ein Förderverein um die Restaurierung der Festung, die heute als Museum und für Veranstaltungen genutzt wird.

Hat man die Anlage hinter sich gelassen, gelangt man zum **Naturschutzgebiet Asseler Sand**. Wer bequem ist oder es eilig hat, der hält sich immer an den Elberadweg und genießt den Lauf des Stroms zur Rechten. Unternehmungslustigere haben aber auch die Möglichkeit, nach links ins Land abzubiegen. In der **Heimatstube Assel** gibt es vollständig eingerichtete Räume aus der guten, alten Zeit – Utensilien aus Haushalten und Handwerksbetrieben, eine Schuster-, Tischler-, Radio- und Fernsehtechnikwerkstatt. In **Drochtersen** steht noch einer der Ringöfen, die so typisch für das Kehdinger Land waren. In ihnen wurden die berühmten bläulich schimmernden Klinker gebrannt, die halb Hamburg früher sein nobles architektonisches Gesicht verliehen. Noch heute finden sich im Kehdinger Land viele Straßen, bei denen diese Klinker als Pflasterung dienen.

Vom Ort **Krautsand** kann man an Wochenenden sowie an Feiertagen geradeaus Richtung **Wischhafen** fahren. Eine Sperrwerksbrücke (Öffnungszeiten beachten!) führt über die Wischhafener Süderelbe. Diese Süderelbe, die natürlich nichts zu tun hat mit der Hamburger Süderelbe, verläuft parallel zum Elbestrom zwischen Wischhafen und Drochtersen und ist eigentlich nur ein breiterer Graben. Dennoch sorgt sie dafür, dass das Gebiet Krautsand genau

Elbdeichtreff Radler-Rast
Imbiss-Biergarten mit Billard und Trampolin, 400 Meter hinter der Festung Grauerort

Am Elbdeich 20
21706 Drochtersen

Wie geht eigentlich ein Seemannsknoten? Üben in Wischhafen
Unten: Oberfeuer in Krautsand

genommen immer noch eine Insel ist, aufgespült vom mitgeschwemmten Schlick der Elbe. Der kilometerlange, breite Sandstrand der Elbinsel lädt zum Beobachten der rund 9 000 Seeschiffe ein, die aus aller Welt jährlich in den Hamburger Hafen einlaufen. An Wochentagen und wenn die Klappbrücke geschlossen ist, biegt man von Krautsand Richtung Dornbusch ab und befindet sich ab hier bereits auf dem anderen Ufer der Süderelbe, um nach Wischhafen, dem Scheitelpunkt der Rundtour, zu radeln.

Radtour: 30 km bis Elbfähre Wischhafen oder 60 km Rundtour

Start: Bhf. Stade
S3 alle 20–60 Minuten oder RE 5 alle 60 Minuten

Ziel: Wischhafen
Elbfähre Wischhafen–Glückstadt alle 30 Minuten

Wischhafen ist ein Ort, der vor allem aus dem Fähranleger für die Fähre nach Glückstadt besteht. Daneben kann der Ort mit dem **Küstenschiffahrts-Museum** punkten. Das ehrenamtlich geführte Museum ist in einem denkmalgeschützten Getreidespeicher am Hafen untergebracht und zeigt Originalgegenstände aus der großen Zeit der Kehdinger Küstenschifffahrt.

In Wischhafen fällt die Entscheidung, ob man mit der dortigen Fähre nach **Glückstadt** (▶ Seite 132) übersetzt und von dort mit der Regionalbahn zurückfährt oder die Rundroute fortsetzt und durchs Binnenland nach Stade zurückradelt. Der Rückweg verläuft dann zunächst auf einer Variante des Elberadwegs über Neulandermoor, Wolfsbruchermoor und Dornbuschermoor nach Süden. Wir folgen aber nicht der Ausschilderung nach Dornbusch, sondern folgen dem Weg immer weiter geradeaus über Buschhörne nach Aschhorn. Die Orte bestehen jeweils nur aus wenigen Gehöften und wenn man sich hinter Aschhorn weiter geradeaus hält, verläuft der Weg nur noch über freies Feld, bis er schließlich in **Stade** endet. Hier kann man noch in eines der gemütlichen Altstadtlokale einkehren oder gleich bis zum Bahnhof weiterrollen.

Bei Kanuten beliebt: Die schnell fließende Osterau

Bad, Land, Fluss

40

Bad Bramstedt

Bekannt ist Bad Bramstedt vor allem für sein Kurbad und die Bramau, auf der Sportlerinnen und Sportler aller Ligen besonders gerne paddeln. Aber auch darüber hinaus lohnt sich ein Ausflug in das hübsche Städtchen, denn die beschauliche Altstadt und der ruhige Kurgarten eignen sich hervorragend zum Lustwandeln und Seele-Baumeln-Lassen.

Von Hamburg aus ist die erste Station Bad Bramstedt Kurhaus, der Bahnhof der Klinik-Stadt, zunächst geht es aber noch ein bisschen weiter bis Bad Bramstedt.

Um zum alten Stadtkern zu gelangen, geht man in den gegenüber dem historischen Bahnhofsgebäude liegenden Schlüskamp hinein – und stößt schon nach kurzem Weg auf den grünen Lauf der Osterau, die hier eine kleine Insel im Fluss, die Osterauinsel, ausbildet. Gleich mehrere Flussläufe laden zum Paddeln ein. In Bad Bramstedt vereinigt sich die **Osterau,** einer der wenigen Wildflüsse Norddeutschlands, mit der Hudau zur Bramau. Die Bramau, der die Stadt ihren Namen verdankt, gilt als idealer Anfängerfluss. Es treffen sich in Bad Bramstedt daher Paddler aller Ligen. Aber natürlich bieten die Flüsse auch den Fußwanderern naturnahe Erholung, sind doch an ihren Ufern meist gute Wege angelegt.

Vor einer Wanderung lohnt eine Besichtigung des **alten Stadtkerns,** in den man hinter der Osterauinsel gelangt. Zentrum des Stadtkerns ist der **Bleeck,** ein zentraler Platz. Bleeck heißt im Niederdeutschen so viel wie „Flecken“ und bedeutet „unbefestigte Stadt“, die Bramstedt bis 1910 war. Das historische – und heutige – Rathaus steht hier am Bleeck, gegenüber dem Torhaus am Markt. Jenes wird als letztes noch stehende Gebäude des ehemaligen Guts Bramstedt auch als „Schloss“ bezeichnet. Davor steht der Roland, das Wahrzeichen der Stadt. Der Roland war ein Symbol der Marktgerechtigkeit im Ochsenhandel. Zu seinen Füßen wurden Kontrakte geschlossen und bei Streitigkeiten rechtliche Entscheidungen gefällt. Bis zum Jahre 1693 standen an dem Platz hölzerne Roland-Standbilder. Dann wurde der heutige Roland aus Oberkirchener Sandstein aufgestellt. Die Originalfigur musste sich im Laufe der Jahrhunderte mehrmals von Steinmetzen durchgeführten Schönheitsoperationen unterziehen.

Der Bau, der heute als Schloss bezeichnet wird, ist eigentlich nur noch das Torhaus des ehemali-

Stadtführung
An verschiedenen Samstagen und Sonntagen von April bis September. Infos unter:
www.bad-bramstedt.de

Die Maria-Magdalenen-Kirche in Bramstedt stammt aus dem 13. Jahrhundert

gen **Bramstedter Guts**. Das heute noch erhaltene Gebäude wurde zwischen 1631 und 1647 errichtet. Die Funktion als Torhaus für das dahinter liegende Schloss ist noch an den großen Toren erkennbar, durch die die Kutschen fahren konnten.

Nördlich des Bleecks, am Kirchenbleeck, steht die **Maria-Magdalenen-Kirche**. Vermutlich wurde der Bau in der ersten Hälfte des 13. Jahrhunderts errichtet, aber immer wieder umgestaltet. Heute stellt das Bauwerk ein Sammelsurium unterschiedlichster Stile und Materialien dar.

Nach der Besichtigung der Altstadt bietet sich ein Spaziergang entlang der Hudau ins **Kurviertel** an. Ein Weg führt vom Stadtzentrum entlang des Flüsschens an der Kneippanlage und am Garten der Sinne vorbei. Wer dann dem Lauf der Hudau folgt, der gelangt automatisch in die Kuranlagen der Rheumaklinik. Die in den Wald hineingebaute Anlage stellt eine perfekte Verbindung zwischen Architektur und Natur dar. Hier, mitten im Wald, liegt malerisch der Haltepunkt Bad Bramstedt Kurhaus, von dem man bequem die Heimreise antreten kann.

Glücksmarie
Café, Restaurant, Lounge

Birkenweg 23
24576 Bad Bramstedt
www.gluecksmarie-bb.de

Spaziergang: 4 km

Start: Bhf. Bramstedt
A 1 alle 10–40 Minuten

Ziel: Bad Bramstedt Kurhaus
A 1 alle 10–40 Minuten

Keramikstadt Kellinghusen

41

Wrist – Kellinghusen

Kommt man mit dem Fahrrad aus Wrist ins schöne Keramikdorf Kellinghusen gefahren, sieht man schon von Weitem den Turm der Kirche St. Cyriacus. Der Tellerturm auf dem Marktplatz hingegen erinnert an die Tradition des Ortes. Wer mag, kann im Keramik Centrum den Künstlerinnen und Künstlern bei der Arbeit zuschauen.

Von **Wrist**, einer typischen schleswig-holsteinischen Landgemeinde, führt ein schöner, nicht allzu langer (Rad-)wanderweg nach Kellinghusen. Um auf den Radweg zu gelangen, verlässt man den Bahnhof Wrist entgegen der Fahrtrichtung, überquert sogleich die Bahngleise und fährt geradeaus in die Straße Sandburg. Über den Neuen Kamp, Feldhusener Straße, Friedrichstraße und An der Stör gelangt man in die Stadtmitte von **Kellinghusen**.

Das Wahrzeichen der Keramikstadt, der Turm der Kirche St. Cyriacus, ist schon von Weiten erkennbar. Die erste Sehenswürdigkeit auf dieser Tour aber ist der Obere Marktplatz mit seinem **Tellerturm**, ein Kunstwerk, das unverkennbar an die Tradition des Ortes erinnern soll. Am Platz befindet sich auch das **Museum Kellinghusen**. Im 18. Jahrhundert waren aufgrund der Tonvorkommen in der Umgebung mehrere Fayence-Manufakturen entstanden. Charakteristisch für diese Art der Keramik ist ihre weißdeckende, zinnhaltige Glasur. Bis in die Mitte des 19. Jahrhunderts wurde die Produktion in Kellinghusen beibehalten. Heute kann man im **Keramik Centrum** den Kunsthandwerkern bei der Arbeit über die Schulter schauen, alljährlich am zweiten Augustwochenende findet ein großer **Töpfermarkt** statt.

Schmuckstück des Orts ist die schmale, kopfsteingepflasterte **Bergstraße**, die für holsteinische Verhältnisse recht steil bergauf geht. Grund für die Steigung ist eine eiszeitliche Endmoräne, eine wallartige Aufschüttung von Gesteinsmaterial, die hier immerhin eine Höhe von 35 Metern über der Stör erreicht.

Die malerische Gasse führt zur **Kirche St. Cyriacus**, deren ältesten Teile auf die erste Hälfte des 13. Jahrhunderts datiert sind. Vis á vis befindet sich das **historische Rathaus** von 1908. Über dem Fenster des Dachgeschosses ist das Stadtwappen von Kellinghusen zu erkennen, der mittlere Giebel zeigt das Schleswig-Holsteinische Wappen. Erbaut wurde es nach Plänen des Architekten Max Wichmann.

Über die Lindenstraße führt der Weg weiter zum **Luisenberger Turm**. Benannt wurde der 22 Meter hohe Aussichtsturm nach der Ehefrau des Grafen Hans Heinrich zu Rantzau. Anfang des 19. Jahrhunderts erwarb der Kaufmann Edward Ross das Anwesen. Die Kaufmannsfamilie war Eigentümerin

Restaurant Dionysos
Griechische Küche, der Vorgarten bietet einen „Platz an der Sonne"

Am Markt 1
25548 Kellinghusen
www.dionysos-kellinghusen.de

Das alte Rathaus in Kellinghusen

Hübsche Fachwerkhäuser und der berühmte Tellerturm am Markt

einer Ziegelei, aus deren ehemaliger Tonkuhle der **Rensinger See** entstanden ist. Er ist das nächste Ziel.

Dazu biegt man in die Hermannshöhe ab und fährt weiter über die Beselerallee. Wo der Wald beginnt, geht ein Weg linker Hand bergab. So erreicht man die Straße Clausthal, überquert die Brauerstraße, hält sich links und biegt gleich darauf in die Straße Am Tonhafen ab. Noch vor der Brücke über die Stör gelangt man linker Hand zum Rundweg um den See, der knapp 2 Kilometer lang ist. Die ehemalige Tonkuhle ist heute ein attraktives Naherholungsgebiet mit mehreren Badestellen und Angelstegen.

Für den Rückweg nimmt man die Brücke über die Stör und biegt rechts in die Schützenstraße/ Vorbrügger Straße ab. Eine ausgeschilderte Fahrradstrecke über die Friedrichstraße führt zurück Richtung Wrist. Es lohnt sich an den Deichen der Bramau weiter geradeaus zu fahren. In Höhe eines größeren landwirtschaftlichen Betriebs führt eine kleine Fußgängerbrücke über die Bramau. So kommt man nach **Stellau**, einem Ortsteil von Wrist. Sehenswürdig ist die alte, einschiffige **Steinkirche**. Zu dem Ensemble alter Gebäude gehören neben dem freistehenden Glockenturm auch zwei alte Pastorate. Dem Stellauer Kirchenweg folgt man nun immer geradeaus bis über die Bahngleise und dahinter links in die Brückenstraße. Nach kurzer Strecke ist der Bahnhof von Wrist erreicht.

(Rad-)Wanderung: 15 km
Start und Ziel: Bhf. Wrist
RE 70 alle 60 Minuten

Der idyllische Bürgermeistergarten in Wilster

Durchs platte Land zur Elbe

42

Wilstermarsch

Lust auf eine Landpartie? In der Wilstermarsch kann man über autoarme Straßen radeln und den Blick über endlose grüne Wiesen schweifen lassen. Anschließend führt die Tour entspannt an der Elbe entlang bis in die schöne Stadt Glücksburg.

Die Tour startet mit einer Besichtigungsrunde in **Wilster.** Das Städtchen mit seinen 4500 Einwohnerinnen und Einwohnern ist das Zentrum der Wilstermarsch und eine der ältesten Städte in Schleswig-Holstein.

Vom Bahnhof kommend gelangt man von der Bahnhofstraße über die Kreuzung in die Burger Straße und von dort zur **St.-Bartholomäus-Kirche,** einem mächtigen Bauwerk aus der zweiten Hälfte des 18. Jahrhunderts. Um die Kirche herum war historisch eine Kleinstadt entstanden, in der sich Handwerker unterschiedlicher Gewerke ansiedelten. Denn die Trockenlegung des Marschenlandes und die sich daraus entwickelnde Landwirtschaft hatte für wirtschaftlichen Aufschwung gesorgt. In der Straße Op de Göten fällt das **Alte Rathaus** mit seinem imposanten Fachwerkobergeschoss ins Auge. Das Gebäude stammt aus dem 16. Jahrhundert. Im historischen Speicher gleich nebenan befindet sich heute das Naturkundemuseum Wilster. Ein weiteres beeindruckendes Gebäude ist das **Neue Rathaus** von 1786 in der Rathausstraße. Es stellt das ehemalige Palais der Familie Doos dar, später ging das Gebäude als Schenkung an die Stadt Wilster. Im Obergeschoss ist ein Festsaal, der heute als Trauzimmer und als Ort für Ratsversammlungen genutzt wird. Etwas versteckt hinter dem Palais liegt der wunderschöne

Elbblick Brokdorf
Herrliche Sicht von der Terrasse auf Deich und Schiffe. Fleisch- und Fisch-, aber auch vegane/vegetarische Gerichte. Nachmittags hausgemachter Kuchen.

Dorfstraße 65
25576 Brokdorf
www.elbblick-brokdorf-hotel-sell.de

Kaffeestuuv In De Hörn
In einer alten Reetdachkate hinterm Deich locken verführerische Tortenkreationen. Mit Terrasse.

In de Hörn 1
25576 Brokdorf
www.marlens-konditorei.de

Bürgermeistergarten mit seinen weißen Marmorfiguren und lädt zum Lustwandeln ein.

Nach diesem Abstecher in die Kulisse einstigen großbürgerlichen Lebens geht es zurück in Richtung Kirche. Noch vor der Kirche biegt man links in die Deichstraße ein. Bevor diese in die Straße Landrecht übergeht, biegt man wieder linker Hand ab und überquert die Wilsterau. Hält man sich rechts und fährt über die Hans-Prox-Straße, radelt man weiter parallel zum Flüsschen. Über die Straßen Diekdorf, die bald links abbiegt, und Dwerfeld (Kreisstraße 15) beginnt jetzt die Tour durch die Marsch. Um das Marschland landwirtschaftlich nutzen zu können, wurden hier nach holländischem Vorbild windbetriebene Entwässerungsmühlen zum Einsatz gebracht. Die Entwässerungen wiederum haben zum Absacken des Bodens geführt. So ist zu erklären, dass es heute in der Wilstermarsch Lagen unterhalb der normalen Höhe des Meeresspiegels gibt: Die tiefste Landstelle in dieser Gegend misst immerhin 3,54 Meter unter Normalnull.

Die Route führt durch eine grüne Weite aus Weideland, am Horizont unzählige Windräder. Vereinzelt kommt man an abgelegenen Bauernhöfen vorbei. Man quert die Brücke über die B5, hält sich am Poßfeld rechts und folgt dann weiter nach links

Der Brokdorfer Deich eignet sich prima für Radtouren

der beschilderten Radroute. Nach Überquerung der Kreisstraße 63 geht es leicht nach links versetzt über die Straße Siethwende weiter Richtung Brokdorf. Über den Dörferdeich nach rechts ist die Elbe erreicht. Bald nach der Etappe durch die Marsch wird man mit einer herrlichen Aussicht auf den Fluss belohnt, der hier über 3 Kilometer breit ist.

Gelegenheit für eine Abkühlung bietet das Erlebnisbad in **Brokdorf**. Zwar gibt es eine Badestelle an der Elbe, doch aufgrund schlechter Wasserqualität musste in der Vergangenheit bereits ein Badeverbot ausgesprochen werden. Aber zu einem entspannten Sonnenbad lädt der Strand auf jeden Fall ein. Unübersehbar ist die graue Betonkugel des bekannten Kernkraftwerks, das inzwischen vom Netz gegangen ist. Von Brokdorf aus sind es noch etwa 15 Kilometer bis Glückstadt, die es entspannt am Deich entlanggeht. Bevor man Glückstadt erreicht, muss noch das **Störsperrwerk** überquert werden. Es wurde als Folge der verheerenden Sturmflut von 1962 gebaut und schützt unter anderem die Stadt Itzehoe. Bei Flut werden die Tore geschlossen, ansonsten kann das Wasser mit den Gezeiten ab- und zufließen. Für die Errichtung des Sperrwerks wurde bei Wewelsfleth ein neuer Mündungslauf für die Stör gegraben, der alte Mündungslauf des Flusses dient nun als Hafen.

Nachdem man in **Glückstadt** (► Seite 132) angekommen ist, geht es über die Königstraße zum Markt. Hier gibt es reichlich Möglichkeiten einzukehren und den legendären Matjes zu kosten, auch für eine Stadtbesichtigung ist noch Zeit. Wer lieber auf kurzem Weg die Heimreise antritt, fährt vom Markt aus in die Große Kremper Straße und von dort direkt zum Bahnhof.

Radtour: 31 km
Start: Bhf. Wilster
RB 62 alle 60 Minuten
Ziel: Bhf. Glückstadt
RB 61 alle 60 Minuten

Kreisstadt mit Geschichte

43

Itzehoe

Auf den ersten Blick wirkt Itzehoe recht unscheinbar. Doch bei einem gemütlichen Rundgang durch das Städtchen an der Stör lässt sich einiges entdecken. Gediegen präsentieren sich die historischen Bauten aus dem späten 17. und frühen 18. Jahrhundert, zudem überrascht Itzehoe mit einem vielfältigen Kulturangebot.

Im Mittelalter war Itzehoe eine florierende Stadt. Grund dafür war die geografische Lage an der Störschleife und das sogenannte Stapelrecht: Fuhren Schiffe gen Hamburg, stapelte man deren Waren rund um den Hafen auf und die Kaufleute in Itzehoe nutzen ihr Vorkaufsrecht.

Leider sind nur wenige Bauten aus der langen Geschichte der Stadt erhalten geblieben: Im Jahr 1657 wurde die Altstadt im deutsch-schwedischen Krieg fast vollständig zerstört.

Erstes Ziel des Stadtausflugs sind das **Kreismuseum** und der angrenzende **Prinzeßhof-Park**. Beides erreicht man nach einem kurzen Fußweg über die Viktoriastaße gleich zu Beginn der Kirchenstraße.

Das Museumsgebäude des Kreismuseums ist ein ehemaliges Adelspalais, dessen Biedermeierzimmer mit seinen Sammlungen aus Porzellan und Gemälden an die Zeit erinnert, als das kleine Palais als Wohnsitz der Äbtissinnen des Klosters Itzehoe diente.

Die **Kirche St. Laurentii** im Zentrum der Stadt wurde nach zweifacher Zerstörung zuletzt im Jahr 1718 neu errichtet. Gleich hinter der Kirche befindet sich das **Adelige Kloster Itzehoe**. Nach der Reformation wurde das ehemalige Zisterzienser-Nonnenkonvent in ein Damenstift umgewandelt. Der Klosterhof ist ein lauschiger Platz mit einem kleinen See, umgeben von Bauten aus unterschiedlichen Epochen. Dort befindet sich auch das **Äbtissinnenhaus** von 1696.

Den Rundgang setzt man am besten über die Breite Straße und die Salzstraße fort und gelangt so zum **Historischen Rathaus**. Gleich nebenan befindet sich in einem unter Denkmalschutz stehenden ehemaligen Kaufmannshaus das **Wenzel-Hablik-Museum**. Es beherbergt den Nachlass des deutsch-böhmischen Künstlers. Hablik war Maler, Grafiker, Kunsthandwerker, Innenarchitekt und gilt als einer der wichtigsten Vertreter der expressionistischen Architektur. Bis zu seinem Tod 1934 lebte er fast drei Jahrzehnte in Itzehoe.

Restaurant Classico
Lauschige Lage direkt am Prinzesshof, umfangreiche Auswahl italienischer Spezialitäten

Kirchenstraße 20
25524 Itzehoe
www.classico-itzehoe.de

Schön beschaulich: die Laurentii-Kirche und das historische Rathaus in Itzehoe

Über die Reichenstraße geht es weiter in die **Straße Burg**. Um das Jahr 1000 wurde hier eine Wallburg angelegt, die im Jahr 1032 als einzige Befestigung in Holstein einem Angriff der Slawen widerstand. Heute ist das Areal überbaut, nur eine Informationstafel auf dem ehemaligen Burghof weist auf die historische Stätte hin. Graf Adolf IV. gründete im Jahr 1238 am Fuß der Burg die Neustadt und verschaffte der Siedlung das Stadtrecht.

Auf dem Rückweg zum Bahnhof passiert man noch den Theaterplatz. Das wuchtige **Theatergebäude** bietet immerhin mehr als tausend Zuschauerinnen und Zuschauern Platz.

Wer mag, schließt nach dem kleinen Stadtausflug noch eine Radtour an. Mit der Regionalbahn erreicht man schon in sechs Minuten Wilster (► Seite 176) und kann von dort durch die Wilstermarsch und entlang der Elbe bis nach Glückstadt (► Seite 132) radeln.

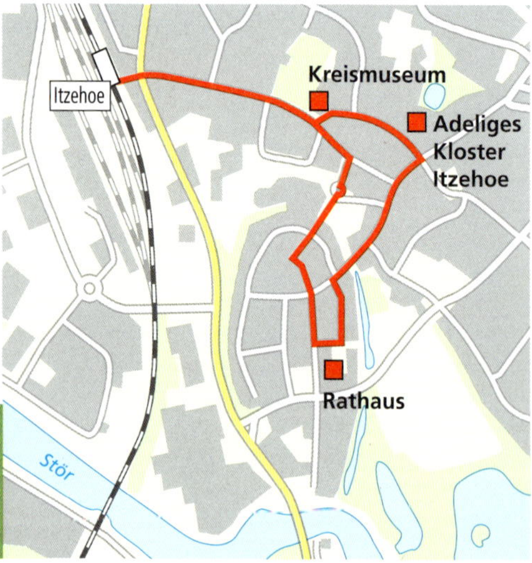

Spaziergang: 3 km

Start und Ziel: Bhf. Itzehoe RE 61 alle 60 Minuten ab Hbf und Altona, RE 6 alle 60 Minuten ab Altona

Karl May und der Kalkberg

44

Bad Segeberg

Nicht nur zu den Karl-May-Festspielen im Sommer lohnt ein Ausflug nach Bad Segeberg. Ob Stadtgeschichte erkunden, eine Fledermaushöhle entdecken, den Kalkberg besteigen oder Wandern um den Großen Segeberger See: Hier ist für alle was dabei.

Wie sehr Bad Segeberg von den Festspielen geprägt ist, zeigt sich schon beim Verlassen des Bahnhofs: Unübersehbar sind die Wegweiser zur Freilichtbühne. Und auch falls ein Besuch der **Karl-May-Festspiele** heute nicht auf dem Programm steht, kann man ruhig der Ausschilderung folgen. Der Kalkberg, das 91 Meter hohe Wahrzeichen Bad Segebergs, zu dem der Weg führt, dient seit 1952 als eindrucksvolle Kulisse bei den im Sommer stattfindenden Karl-May-Festspielen. Wildwestfans besuchen außerdem noch das neben der 7 500 Besucher fassenden **Freilichtbühne** gelegene Indian Village. In dieser Westernstadt mit Blockhäusern, der Wohnung einer Siedlerfamilie, einem Saloon mit Klavier und dem Marshall-Office samt Gefängnis wird vor allem allerlei Unterhaltung für Kinder geboten.

Was man sich aber auf keinen Fall entgehen lassen darf, ist die Besteigung des **Kalkberges**. Durch wild zerklüftete, felsige Landschaft geht der Aufstieg bis kurz unter den Gipfel. Der Blick über die Stadt Bad Segeberg und die malerische Umgebung mit ihren Wiesen, Wäldern und Seen ist wahrhaft beeindruckend. Man kann hier von oben in den historischen Brunnenschacht der Siegesburg, die auf dem Gipfel des Kalkberges thronte, hineinschauen. Kaiser Lothar II. war es, der sie im Jahre 1134 erbauen ließ. 1644, während des Dreißigjährigen Krieges, wüteten die Schweden in Segeberg. Zwar blieb die Stadt verschont, dafür wurde die Burg zerstört und später vollständig abgebrochen.

Im Jahre 1876 begann man nach Salz zu bohren und wurde nach zwei Jahren fündig: Am Kalkberg fand sich in einer Tiefe von 148 Metern Salz von besonders guter Qualität. Das Wasser am Grunde eines Salzschachts erwies sich als voll gesättigte Sole von heilkräftiger Wirkung. Damit war der Grundstock des Kur- und Heilbades gelegt, und 1884 eröffnete das erste Kurhaus am Segeberger See.

Das fast 1 000 Meter lange **Höhlensystem** wurde 1913 von spielenden Kindern im Kalkberg entdeckt. Die nördlichsten Höhlen Deutschlands ziehen seit Jahrzehnten Millionen Besucherinnen und Besucher an. Außerdem kommen jedes Jahr über 20 000 Fledermäuse in die Höhlen. Alles über die Welt der Fledermäuse präsentiert gleich nebenan die Erlebnisausstellung Noctalis. Sie hat sich unter anderem

Noctalis – Welt der Fledermäuse und Kalkberghöhle
Imposantes Höhlensystem und eine fesselnde Ausstellung über das Leben der Fledermäuse sowie Führungen durch die Kalkberghöhle

Oberbergstraße 27
23795 Bad Segeberg
www.noctalis.de

Wunderbar zum Flanieren: die Uferpromenade in Bad Segeberg

zum Ziel gesetzt, Vorurteile vieler Menschen gegenüber Fledermäusen abzubauen. Einen Höhepunkt bietet das **Noctarium** im obersten Stock. Hier leben über 100 Blattnasen-Fledermäuse hinter einer 75 Quadratmeter großen Glasfront.

Jetzt steigt man hinab in die Altstadt, die im Wesentlichen aus der Lübecker Straße besteht. Sie zieht sich in einer weiten, sanften Kurve um den nördlichen Kalkberg. Hier befindet sich das älteste Haus: das **Alt-Segeberger Bürgerhaus** von 1541. In zwei Dauerausstellungen dokumentiert das Museum die 875-jährige Stadtgeschichte von der mittelalterlichen Burgsiedlung bis zum modernen Kurort. Überragt wird die Altstadt vom Turm der **Marienkirche**, einem der bedeutendsten romanischen Bauwerke in Norddeutschland und der erste Bau, bei dem das Gewölbe aus Backstein geschaffen wurde. Der Baubeginn fällt auf das Jahr 1156. Es bietet sich an, gleich vom schön gestalteten Friedhof ans Ufer des **Großen Segeberger Sees** zu spazieren. Hier beginnt auch der Rundwanderweg.

Dieser Weg verläuft den größten Teil seiner Strecke direkt am Seeufer. Er ist um die 8,5 Kilometer lang und kann in etwa zweieinhalb Stunden bewältigt werden. Es empfiehlt sich aber, mehr Zeit einzuplanen und keinen Gewaltmarsch zu absolvieren, sondern an einigen der vielen schönen Stellen eine Pause einzulegen. Auch ein erfrischendes Bad bietet sich an. Das Strandbad Großer Segeberger See liegt nicht weit vom Ausgangspunkt entfernt, wenn man sich rechts hält. Auf eine nette Badestelle stößt man aber auch in der sich in östlicher Richtung ausdeh-

Bürgerstuben
Im denkmalgeschützten Haus in der Altstadt untergebrachtes Hotel-Restaurant

Lübecker Straße 12a
23795 Bad Segeberg
www.buergerstuben-segeberg.de

nenden Bucht kurz vor Stipsdorf. Hier besteht auch die einzige Chance, sich zu verlaufen, da der Weg nicht am Ufer entlangführt. Am Nordufer gibt es noch einen kleinen Badestrand nahe einem Campingplatz. Am Ende der Rundtour findet sich der Wanderer im Kurviertel von Bad Segeberg wieder.

Am Beginn der Seepromenade, dort, wo der Musikpavillon steht, lohnt sich ein Abstecher zur **Städtischen Kunsthalle** und zur **Villa Flath** in der Bismarckallee. Der Holzbildhauer und Maler Otto Flath (1906–1987) lebte ab 1935 in Bad Segeberg und schuf hier viele seiner Werke. In der Kunsthalle und auf dem Gelände um die ehemalige Villa des Künstlers werden heute Skulpturen, Gemälde und Zeichnungen Otto Flaths gezeigt. Die Villa Flath bietet Arbeitsmöglichkeiten und Ausstellungsraum für junge Künstlerinnen und Künstler, die von der Flath-Stiftung gefördert werden. Heute bemüht sich die Stiftung außerdem um eine Aufarbeitung der NS-Vergangenheit, denn die Villa gehörte ursprünglich dem Israelitisch-Humanitären Frauenverein, der 1938 gezwungen wurde, das Haus für einen Spottpreis zu verkaufen.

Zurück auf der Seepromenade erreicht man über die Große Seestraße die Fußgängerzone und über die Oldesloer und Bahnhofstraße den Bahnhof.

Museum Alt-Segeberger Bürgerhaus
Anhand von sechs Bauphasen, die das Haus erlebte, erfährt man, wie Segeberger Bürgerinnen und Bürger in der jeweiligen Epoche wohnten

Lübecker Straße 15
23795 Bad Segeberg
www.museum-badsegeberg.de

Rundwanderung: 12 km
Start und Ziel: Bhf. Bad Segeberg
RB 82 alle 60 Minuten

Mit Bus und Bahn rund um Hamburg unterwegs

In und um Hamburg organisiert der hvv (Hamburger Verkehrsverbund) den ÖPNV: www.hvv.de

Wie findet man den passenden Fahrschein?
Das hvv-Gebiet ist in Waben- und Tarifringe aufgeteilt, die sich um die City legen. Das klingt kompliziert, ist es aber nicht. Man wählt das Fahrziel, und der Preis wird angezeigt. Allerdings kann es sich lohnen, nach günstigeren Gruppen- und Tageskarten-Tickets zu schauen. Diese sind:
• 9-Uhr-Tages- und 9-Uhr-Gruppenkarten. Sie gelten Mo–Fr von 0 bis 6 Uhr und von 9 bis 6 Uhr des folgenden Morgens, Sa, So und feiertags ganztägig.
• Mit einer Tageskarte kann 1 Person einen Tag lang unterwegs sein und bis zu 3 Kinder (6–14 Jahre) mitnehmen.
• Mit der 9-Uhr-Gruppenkarte fahren bis zu 5 Personen beliebigen Alters zum günstigen Pauschalpreis.
Tipp: Die 9-Uhr-Tageskarte lohnt oft schon ab 2 Fahrten pro Tag, die 9-Uhr-Gruppenkarte rechnet sich häufig schon zu zweit.

Wo gibt es Fahrscheine?
An hvv-Automaten, Service-Schaltern, im Onlineshop oder über die hvv APP. Auch in Bussen werden Einzel-, Tages- und Gruppenkarten verkauft.

Was zahlen Kinder?
Kinder unter 6 Jahren fahren im hvv kostenlos. Bis zum Alter von 14 Jahren kann eine ermäßigte Einzel- oder Tageskarte für Kinder genutzt werden.

Freie Fahrt mit dem Deutschland-Ticket
Wer ein Deutschland-Ticket besitzt, kann sich die Sucherei nach dem passenden Fahrschein sparen und alle Verkehrsmittel im hvv nutzen. www.hvv.de und deutschlandticket.de

Fahrrad mitnehmen
Zu den folgenden Zeiten dürfen Fahrräder in den U-, S-, A-Bahnen und vielen Buslinien kostenfrei mitgenommen werden:
• Mo–Fr bis 6 Uhr, von 9 bis 16 Uhr und von 18 Uhr bis Betriebsschluss
• Sa, So, an gesetzlichen Feiertagen sowie am 24. und 31. Dezember jeweils ganztägig bis Betriebsschluss
• während der Hamburger Sommerferien ganztägig (nur in den U-, S-, A-Bahnen)
In den Regionalbahnen gilt:
Um ein Fahrrad in den Regionalbahnen im hvv-Gebiet zu transportieren, ist der Kauf einer Fahrradkarte RB/RE erforderlich. Damit kann man ein Fahrrad am Lösungstag ganztägig beliebig oft in allen Regionalexpress- oder Regionalbahn-Zügen mitnehmen.
Auf den Elbfähren:
Auf den Elbfähren im hvv können Fahrräder kostenfrei an allen Tagen ohne Sperrzeit mitgenommen werden.
Aber: Auf der Fähre Blankenese – Cranz gilt der Niederelbe-Tarif. Auf dieser Linie kann man ein Fahrrad ganztägig mitnehmen, es wird hierfür jedoch ein Entgelt erhoben.

ERHÄLTLICH IM BUCHHANDEL
ODER AUF VIAREISE.DE

Register

L

M

N

O

P

Q

R

S

T

U

V

W

Z

Liebe Leserinnen und Leser,

alle Angaben in diesem Ausflugsführer sind gewissenhaft geprüft. Trotz gründlicher Recherche unserer Autoren/innen können sich manchmal Fehler einschleichen. Wir bitten um Verständnis, dass der Verlag dafür keine Haftung übernehmen kann. Über Hinweise, Berichtigungen und Ergänzungsvorschläge freuen wir uns jederzeit.

via reise verlag
Lehderstraße 16–19
13086 Berlin
post@viareise.de
www.viareise.de

10. vollständig überarbeitete und erweiterte Neuauflage, Berlin 2023

ISBN 978-3-949138-27-0

Text & Recherche
Sabine Schrader, sowie Judith Höppner, Dagmar Krappe und Reiner Elwers

Redaktion
Maria Röger

Herstellung & Gestaltung
Annelie Krupicka

Umschlagreihengestaltung
Nino Arndt, Berlin

Umschlagherstellung
Annelie Krupicka

Kartografie
Annelie Krupicka

Druck
Druckerei Sportflieger, Berlin

FSC www.fsc.org MIX Papier aus verantwortungsvollen Quellen FSC® C104586

Umschlagfoto vorn
Altes Land, Elbdeich (timbob/stock.adobe.com)

Umschlagfoto Klappe vorn
Hafen in Glückstadt (Carl-Jürgen Bautsch/stock.adobe.com)

Umschlagfoto hinten
Elbdeich (ArTo/stock.adobe.com)

Fotos
Sabine Schrader: 16, 32–33, 74, 76, 82, 84, 172, 173, 175 o.

Weitere Fotos
allegra47/stock.adobe.com 102; Andrea/stock.adobe.com 184; Andreas/stock.adobe.com 138; ArTo/stock.adobe.com 106–107, 111, 160; Bernd/stock.adobe.com 15; Biker/stock.adobe.com 12 gr.; Botanischer Garten Hamburg 35 oben; canadastock/Shutterstock.com 46 gr.; Carl-Jürgen Bautsch/stock.adobe.com 56–57, 66, 114, 124, 132–133; Carsten Brecht 180, 183; Cezanne-Fotografie/stock.adobe.com 62 gr.; Creatiberia/stock.adobe.com 35 unten; crimson/stock.adobe.com 108 kl.; Dennis Gross/Shutterstock.com 62 kl.; dieter76/stock.adobe.com 128 gr., 178; Elke Hötzel/stock.adobe.com 120; Elke Tampe 119; embeki/Shutterstock.com 128 kl., 176–177; eyewave/stock.adobe.com 126, 163; Fotodesign Jürgen Klemme 121; foto-select/stock.adobe.com 4, 20 gr., 44–45, 78–79, 94–95, 116–117; Freilichtmuseum am Kiekeberg 70; Gemeinfrei 17, 90 kl.; Gerhard1302/stock.adobe.com 30; Hamburger Friedhöfe -AöR- 12 kl.; Henning/stock.adobe.com 130; holger.l.berlin/stock.adobe.com 40 kl.; hungry_herbivore/stock.adobe.com 140; hydebrink/stock.adobe.com 125; internationale gartenschau hamburg 2013 gmbh/Andreas Bock 48; Janina_PLD/stock.adobe.com 23; Judith Höppner 92; katatonia/stock.adobe.com 28; K. Bugenhagen/Wildpark Schwarze Berge 72; Klaus Rose/Fotolia 142; Klaus Scheddel 6–7, 11, 18, 36, 40 gr., 42, 51, 98, 101; Knud/stock.adobe.com 175 u.; Krafft Angerer 24–25, 26; Kunststätte Bossard 144–145, 146; luftbildhamburg/Fotolia 46 kl.; Maren Konitzer/stock.adobe.com 61; Maya Meiners 86; Micha R/stock.adobe.com 8–9; Mit *HPS* auf Reisen/stock.adobe.com 150 kl.; Mohammed/stock.adobe.com 38; LianeM/stock.adobe.com 148; NEWS&ART/stock.adobe.com 90 gr.; Nightflyer/Bad Bramstedt/CC-BY-3.0/bearb. 168; Otto-von-Bismarck-Stiftung/Juergen Hollweg 105 u.; Otto-von-Bismarck-Stiftung/Stefan Dendorfer 105 o.; powell83/stock.adobe.com 152, 154, 156–157; Ralf Gosch/stock.adobe.com 52–53; Sebastian Köhler/stock.adobe.com 150 gr.; Sina Ettmer Photography/Shutterstock.com 136; Sina Ettmer/stock.adobe.com 108 gr., 164; spuno/stock.adobe.com 81; Stephanie Albert/stock.adobe.com 134; Stiftung Natur im Norden 75; sweasy/stock.adobe.com 55; Thorsten Schier/stock.adobe.com 112; Tourist-Info Bad Segeberg 186; Tourist-Info Kehdingen 167 o.; Udo Kruse/Fotolia 68; Udo Kruse/stock.adobe.com 88, 122, 171; Uwe Rosenboo/Altes Land/CC-BY-3.0/bearb. 158; Volker Rauch/Shutterstock.com 167 u.; vongomthenen/stock.adobe.com 97; www.mediaserver.hamburg.de/M. Brinckmann 64; Y. Jorzik-Brzelinski/stock.adobe.com 58–59; yourpix/stock.adobe.com 20 kl.